Beliebte Antipasti

Dagmar Türck-Wagner

Beliebte Antipasti

160 italienische Vorspeisen

Südwest

Die Rezepte sind, wenn nicht anders angegeben, für vier Personen berechnet.

Abkürzungen: EL bedeutet Eßlöffel
TL bedeutet Teelöffel

Fotos: Kurt Sattelberger, Füssen

Printed in Germany
Schutzumschlag: Eisele/Bulach & Partner, Augsburg
Satz: Setzerei Vornehm, München
Repro: Wenschow/Franzis, München
Druck: Wenschow/Franzis, München
Bindung: Oldenbourg, München
ISBN 3-517-01196-7

Inhalt

Vorwort

Die Antipasti, die für uns neben den Pasta-Gerichten so besonders typisch für die italienische Küche sind, waren ursprünglich keineswegs selbstverständlicher Bestandteil des Menüs und fanden erst im letzten Jahrhundert ihren festen Platz auf den Speisenkarten. Tradition war und ist es allerdings seit jeher auch in einfachen Familien, an Fest- und Feiertagen im großen Familienkreis oder mit Gästen vor dem Primo – Pasta, Reisgericht oder Minestra – die regionalen Wurst-, Schinken- und manchmal auch Käsespezialitäten auf den Tisch zu bringen, stets begleitet von häufig selbst eingelegten Köstlichkeiten wie marinierten Pilzen, Auberginen, Artischocken, Oliven, sonnengetrockneten Tomaten usw. Was aufgetischt wird, hängt ganz von der Gegend und ihren typischen Produkten, aber auch von den Jahreszeiten ab. Im Binnenland bekommt man häufig die pikanten Würste und Schinken zu kosten – z. B. Wildschweinwürste, Parma- oder San-Daniele-Schinken –, in den Küstenorten eher eingelegte Tintenfischchen oder Muscheln im Sud. Regionale Unterschiede kommen in Italien nicht nur im Charakter, sondern auch in der Küche zum Ausdruck, doch so wenig Norditaliener ansonsten mit Süditalienern gemeinsam haben, so sehr sind sie sich darin einig, daß Essen eine äußerst ernst zu nehmende Angelegenheit ist. Und man nimmt es nicht nur mit Begeisterung zu sich (häufig zweimal täglich eine warme Mahlzeit und kein Tag ohne Pasta!), sondern mit der gleichen Leidenschaft werden auch endlose Diskussionen darüber geführt.

Inzwischen genießt man die italienischen Gerichte ja längst nicht mehr allein im Urlaub: Das deutsch-italienische Küchen-Pasta-Pizza-Verhältnis hat sich intensiviert und vereinfacht, seitdem man vielerorts italienische Restaurants und Geschäfte in großer Zahl vorfindet, denen nicht zuletzt die Feriennostalgie lebhaften Zulauf garantiert. Auch hier wird man immer gut beraten sein, den »Padrone« nach seiner regionalen Herkunft zu fragen: Er wird es nicht nur liebend gern erzählen, da er sich nicht als Italiener, sondern als Piemontese, Toskaner, Römer, Apulier, Sarde oder Sizilianer fühlt, sondern er wird mit Gewißheit auch eben »seine« Spezialitäten kochen oder verkaufen, denn sie liegen ihm besonders am Herzen, weil er sie selbst am liebsten ißt. Oder trinkt: Wie man sich in Italien in Trattoria oder Restaurant stets nach dem einheimischen, dem »Vino locale«, erkundigen sollte, so hat der italienische Gastronom, Lebensmittel- oder Weinhändler mit Gewißheit Tropfen vorrätig, die ihm besonders lieb und deshalb auch von hervorragender Qualität sind.

Womit wir wieder bei der Qualität der Grundzutaten sind, auf die man in der italienischen Küche höchsten Wert legt. Häufig sind es nur einige wenige, aber die müssen gut und frisch sein. Nicht zuletzt deshalb folgen sämtliche italienische Regionalküchen den Jahreszeiten, und genauso sollte man bei den Antipasti, vor allem bei der Zubereitung der Gemüsegerichte, vorgehen; man nehme möglichst immer das, was gerade frisch und gut erhältlich auf dem Markt ist. Die vielgeliebten Tomaten mit Mozzarella und Basilikum stammen aus dem sonnigen Kampanien und werden auch dort nur in den heißen Monaten serviert: Tomaten brauchen Sonne – nicht Treibhaus –, um aromatisch zu werden, und der Mozzarella hat hier seine Heimat. Die köstliche Bagna Cauda, das »heiße Bad« aus Olivenöl, Knoblauch und Sardellen, in das man die gerade vorhandenen jungen Gemüse taucht, ist Lieblings-Antipasto der Piemonteser in den Wintermonaten, denn sommers wäre es »troppo cauda« und läge zu schwer im Magen. Frittate, die begehrten Eierkuchen, die man auch mit Meeresgetier und Fleisch, aber vor allem mit Gemüse, Kräutern und viel Phantasie komponiert, bereitet man stets mit den gerade auf dem Markt erhältlichen Gemüsen der Jahreszeit zu. Im Winter ißt man sie warm, im Sommer lauwarm oder kalt. Ein wenig Gewohnheitssache, aber nachahmenswert: Jeder Liebhaber italienischer Küche weiß, daß das Vorspeisenbüfett oder -wägelchen oft neben marinierten Gemüsen auch vorgegarte kalte aufweist wie Spinat oder Peperonata – uns ein wenig fremd, aber nach dem zweiten Mal gewöhnt man sich leicht daran.

Unerläßlich für die Zubereitung von Gemüsegerichten und Salaten sind Öl und Essig bester Qualität. So wie gutes Olivenöl den Geschmack der Speisen hebt, kann schlechtes Olivenöl sie nahezu ungenießbar machen. Gutes Olivenöl »extra vergine« ist teuer, aber es ist seinen Preis wert, da die Herstellung aus ausgesuchten, vollreifen Früchten sehr aufwendig ist. Es darf nur kaltgepreßt, durch mechanische Verfahren und ohne jeglichen chemischen Zusatz gewonnen werden und höchstens ein Prozent Fettsäure haben. Wer an Gerichten einen pikanten Geschmack liebt, kann sich ein Fläschchen Öl mit Peperoni, einer scharfen Pfefferschote (die man möglichst mit Handschuhen anfassen sollte, weil sie teuflisch brennt), vorwürzen.

Vor allem für Salate ist der wunderbare Aceto balsamico, der Balsamessig, den man allerdings in Relation zum Öl stets sparsam verwendet, nicht minder wichtig. Auch er ist teuer, aber sein Geld wert: Seit Jahrhunderten wird er in den Provinzen Modena und Reggio Emilia vorwiegend aus Trebbiano-Trauben hergestellt (es ist historisch belegt, daß bereits Kaiser Heinrich II. im Jahre 1046 zu seiner Krönung ein Fäßchen als Geschenk erhielt). Das Geheimnis seines vielgerühmten Aromas liegt in der jahrelangen Lagerung unter ganz bestimmten Bedingungen und der Behandlung, die er währenddessen erfährt: Junger Essig wird mit altem Essig gemischt, bis er den gewünschten Geschmack erreicht hat. Junger Essig ist 3 bis 5 Jahre alt, alter etwa 15 bis 20 Jahre. Doch sind es vor allem die häufig sogar wild wachsenden Kräuter, die italienischen Gerichten ihr besonderes Aroma geben. Sie werden in der Regel sehr gezielt und nach Möglichkeit stets frisch verwendet, zumal sie unter südlicher Sonne einen sehr intensiven Geschmack gewinnen. Verwendet man getrocknete Kräuter, sollte man auf gute Qualität achten; sie werden muffig und verlieren ihr Aroma, wenn sie allzu lange aufbewahrt werden. Doch kann man beispielsweise Basilikum, das auch in Italien nur im Sommer frisch erhältlich ist, auf Reserve, in ganzen Blättern oder kleingehackt, mit Salz bestreut und gut mit Olivenöl bedeckt, für den Winter einlegen und vor allem für Soßen verwenden.

Die scharfen Peperoni zieht man besonders im Süden Italiens dem Pfeffer vor und sieht sie, wie den allgegenwärtigen Knoblauch (stets frisch verwenden, wer ihn nicht mag, läßt ihn weg!) als Medizin für ein langes, gesundes Leben.

Antipasti sollen den Appetit anregen und den Magen öffnen, aber nicht sättigen – ein weites Thema. Ich habe hier eine Auswahl zusammengestellt, die für vielerlei Gelegenheiten dienen kann. Viele der Gemüse-, Fisch- und Fleischgerichte sind auch als sommerliche Hauptgerichte denkbar, man kann nach Belieben auch ein kaltes Büfett daraus arrangieren oder einen Picknickkorb damit füllen.

Guten Appetit!

Schnelle Antipasti – Appetitanreger – Eingelegtes

Den Appetit anregen sollen sie alle, die Antipasti. Doch hier ein paar Vorschläge für relativ unaufwendige Vorspeisen oder für pikante Kleinigkeiten zum Aperitif – »Stuzzicarelli« nennen sie die Römer. Man kann zu diesen kleinen Genüssen auch die Bruschetta, Crostoni, Mini-Pizze oder kleingeschnittene Focacce rechnen, für die Sie Rezepte im Kapitel »Brot, Pizza, pikante Torten« finden. Auch kleingeschnittene Frittate oder Panzerotti (siehe Kapitel »Eierspeisen, Käsegerichte, Ausgebackenes«) eignen sich gut. Gefüllte Zucchini (siehe »Kleine Gemüsegerichte«) kann man in mundgerechte Stücke schneiden und zum Aperitif servieren. In Carpaccio-Scheibchen hüllt man marinierte Pilze, Artischocken usw. Viele der Rezepte in diesem Buch lassen sich so verwenden und abwandeln.

Antipasto di salumi

Vorspeise mit Wurst und Schinken

Dies war und ist wohl die Vorspeise, die am häufigsten gereicht wird, denn sie macht wenig Mühe, und jede italienische Region hat ihre typischen Wurstwaren.

Die Mengen hängen ganz davon ab, ob man nur eine Kleinigkeit zum Aperitif oder Weißwein vor der Mahlzeit reichen will (dann genügen ca. 50 g pro Person) oder eine richtige Vorspeise (dann ca. 100 g), ob man eine große Platte auf das kalte Büfett stellen will und ob man sonst noch allerlei dazu serviert: z. B. eine Auswahl von eingelegten Zwiebeln, Auberginen, Artischokken, Pilzen, Oliven (fertig kaufen kann man sie natürlich auch). Rezepte zu allerlei Eingelegtem finden Sie im folgenden. Gut eignen sich auch marinierte Gemüse wie Zucchini und Auberginen (Rezepte im Gemüse-Kapitel, Seite 45).

Ansprechend anrichten kann man beispielsweise mit italienischen Salatsorten wie Cicorino, Scarola (Endivien), Lattuga (Lattich), Radicchio, Rucola (Rauke) oder Stangen von rohem Bleichsellerie. Auch winzige Mozzarella-Käse – mozzarelline, »ciliege di latte« – sehen hübsch aus. Abgesehen von Stangenweißbrot oder Grissini passen auch Stükke von Focaccia (s. S. 140), Taralli (s. S. 27) oder die auf Seite 11 beschriebenen Gnocchi fritti dazu.

Da italienische Lebensmittelläden nunmehr in deutschen Landen sehr verbreitet sind und in der Regel auch große Kaufhäuser italienische Spezialitäten anbieten, dürfte es nicht allzu schwerfallen, zumindest eine kleine Auswahl zusammenzustellen. Hier nur einige Anregungen.

Prosciutto crudo di Parma, di San Daniele, Prosciutto toscano (roher Schinken) oder Südtiroler Speck
Bresaola (luftgetrocknetes Rindfleisch)
Mortadella di Bologna
Salamini di cinghiale (Wildschweinwürstchen)
Salame napoletano (pikant)
Salame di Milano
Sopressata (»gepreßte« Schweinswurst aus unterschiedlichen Regionen)
Capocollo (aus Kopf und Hals des Schweins, Spezialität mittel- und süditalienischer Regionen)
Coppa (magere Schweinswurst)
Lingua salmistrata (Pökelzunge) usw.

● Die Bresaola wird wie der rohe Schinken gerne als selbständige Vorspeise serviert, und man kann sie auch mit Zitrone, Öl und Pfeffer anmachen. Oder man füllt sie mit Mascarpone-Gorgonzola, den man nach Belieben noch mit ein wenig Sahne oder gutem Olivenöl weichknetet. Oder auch mit Brôss (s. S. 37) oder mit eingelegtem Ziegenkäse (s. S. 24), den man mit Öl, Pfeffer und Salz zu einer geschmeidigen Creme vermischt. *Foto Seite 8/9.*

Bresaola ai funghi
Bresaola mit Pilzen

200g Bresaola
150g Champignons
150g Rauke (Brunnenkresse oder Zitronenmelisse)
1 Scamorza affumicata (süditalienischer Büffelkäse, oder ein anderer fester Käse nach Belieben)
Saft von 1–2 Zitronen
ca. 4 EL Olivenöl extra vergine
1 EL feingehackte Petersilie
1 Knoblauchzehe, geschält und fein gehackt
Salz, Pfeffer aus der Mühle

Die Bresaola gleich vom Metzger hauchdünn schneiden lassen. Die Champignons mit Küchenpapier sorgfältig abreiben, die Stielenden abschneiden, in sehr dünne Scheibchen schneiden und reichlich mit Zitronensaft beträufeln.
Die Rauke putzen, waschen und trocknen.
Den Käse ebenfalls fein schneiden.
Aus den restlichen Zutaten die Soße bereiten.
Auf einer großen runden Platte außen herum die Rauke, Brunnenkresse oder Zitronenmelisse verteilen, dann nach innen hin ziegelartig die Bresaola-Scheiben, anschließend die Käsescheiben legen und in der Mitte die Pilze aufhäufen. Die Soße erst vor dem Servieren darübergießen oder getrennt reichen. Die sehr würzige Rauke, ein Frühjahr- und Sommergemüse und bei uns noch nicht so leicht erhältlich, kann man durch Feldsalat ersetzen.

Gnocchi fritti
Ausgebackene Teigstückchen

500g Mehl
1 Prise Natron
50g weiches Schweineschmalz
Salz
lauwarmes Wasser
Öl zum Ausbacken

Das Mehl auf die Arbeitsplatte sieben und mit Natron, Schmalz, Salz und so viel warmem Wasser wie notwendig vermischen, daß sich ein geschmeidiger Teig ergibt. Mindestens eine halbe Stunde an einem nicht zu kalten Ort gehen lassen. Anschließend möglichst dünn ausrollen, Rhomben ausstechen und in reichlich Öl schwimmend ausbacken. Zu der gemischten Wurstplatte servieren.

Prosciutto crudo con fichi o melone
Roher Schinken mit Feigen oder Zuckermelone

Diese wohl bekannteste italienische Vorspeise darf hier nicht fehlen, weil sie in der einen wie der anderen Version wunderbar schmeckt und keinerlei Kochkunst bedarf.
Man rechnet für vier Personen etwa 200g hauchdünn geschnittenen Parmaschinken und eine Zuckermelone. Die Melone wird zuvor mindestens 1 bis 2 Stunden im Kühlschrank gekühlt. Sodann die Melone längs halbieren, die Kerne mit einem Löffel auskratzen, die Melonenhälften in beliebig viele Spalte schneiden. Wie man die Köstlichkeit serviert, bleibt der eigenen Phantasie überlassen: Man kann die Schalen gleich entfernen oder man legt sie lose unter die Fruchtschnitze, serviert Melone und Schinken auf einer oder auf getrennten Platten, die Schinkenscheiben ausgelegt oder eingerollt.
Serviert man statt der Melone frische Feigen, so rechnet man pro Person drei bis vier Stück. Auch die Feigen sollte man im Kühlschrank gut vorkühlen.

● Will man kleine Appetitanreger bereiten – die sich auch als Happen auf einem kalten Büfett eignen –, viertelt man die Schinkenscheiben, rollt sie ein und steckt sie zusammen mit Melonenwürfeln auf Spießchen.

Fave col pecorino
Frische Saubohnen mit Schafskäse

Die jungen Saubohnen, im Frühjahr ganz frisch aus der Schale genommen (sie wachsen ja auch bei uns!) und roh mit ein wenig Salz gegessen, schätzt man in vielen Gegenden Italiens. Anders als bei uns üblich, entfernt man jedoch auch die etwas ledrige Außenhaut und ißt nur die zarten Kerne. In Rom verzehrt man sie gern mit dem einheimischen pikanten Pecorino, der – in kleine Stücke gebrochen – dazu serviert wird.
Gut schmecken sie aber auch zu rohem Schinken oder zu einer scharf gewürzten Salami.

Barchette di sedano ripiene
Gefüllte Sellerie-Schiffchen

Junger Staudensellerie ist ein in Italien sehr beliebtes Gemüse, das man besonders gern roh ißt. Entweder ganz einfach so, wie er ist, oder in eine pikante Soße getaucht, wie im Rezept *Sedano alla San Giovanni* (S. 14) beschrieben. Als Happen zum Aperitif oder auf einem Partybüfett sehen gefüllte Sellerie-Schiffchen besonders appetitlich aus. Hier nur zwei Vorschläge dazu, doch bieten sich zahllose weitere Möglichkeiten.
Die Kombination Sellerie-Gorgonzola schmeckt besonders gut, doch kann man jeden anderen Weichkäse, nach Belieben pikant angemacht, hineinfüllen.
Falls man den milden Sahne-Gorgonzola nicht bekommen kann, vermischt man den normalen Gorgonzola zur Hälfte mit Mascarpone oder mit Crème double oder Crème fraîche.

Etwa 4–5 Selleriestangen
Saft von 1 Zitrone
300 g Sahne-Gorgonzola
1–2 EL Sahne
Salz, Pfeffer nach Belieben
blaue Trauben und Walnußhälften für die Garnitur

Die Selleriestangen putzen und waschen. Die Blätter beiseite legen; man kann die Schiffchen darauf anrichten. Die Stangen in etwa 10 cm lange Stücke schneiden (nach Belieben auch kürzer) und in eine Schüs-

sel mit Wasser geben, in das man den Zitronensaft gegossen hat.
Den Käse mit der Sahne weich verkneten. Falls er nicht cremig genug ist, gibt man noch ein wenig Sahne oder einen Spritzer Zitronensaft hinzu. Nach Belieben noch ein wenig mit Gewürzen abschmecken. Falls man einen Spritzbeutel mit mittelgroßer Tülle besitzt, füllt man den Käse hinein und verteilt ihn auf die Schiffchen.
Die Trauben waschen und halbieren. Jedes Selleriestück mit jeweils einer Trauben- und einer Walnußhälfte dekorieren. Auch Krabben, Basilikum- oder Petersilienblätter eignen sich gut zur Garnitur. Vor dem Servieren in den Kühlschrank stellen. *Foto linke Seite vorn.*

● *Funghi al formaggio:* Auf die gleiche Weise kann man die Kappen von großen Zuchtchampignons füllen. *Foto linke Seite hinten.*

● *Barchette con gamberi:* Man vermischt den Käse gut mit 1 EL feingehackter Kapern, 1 Spritzer Zitronensaft, 1 TL Senf und 1 EL feingehacktem Schnittlauch oder Petersilie. Mit beliebig vielen vorgegarten Krabben oder Shrimps garnieren – 100 bis 150 g dürften in diesem Fall ausreichen.

● *Barchette con salsa di tonno e ricotta:* 180 g Ricotta (oder Sahnequark), 120 g Thunfisch aus der Dose, 1 große, feingehackte Zwiebel, Olivenöl extra vergine, 1–2 EL feingehackte Petersilie, Pfeffer aus der Mühle und Salz. Ricotta, Thunfisch (mit dem Öl) sowie die gehackte Zwiebel in den Mixer geben und pürieren. Man gibt nach und nach so viel Olivenöl hinzu wie notwendig, damit eine geschmeidige, aber feste Paste entsteht. Mit Pfeffer und Salz abschmecken und in die Schiffchen füllen. Nach Belieben dekorieren, zum Beispiel mit Kapern, Pinienkernen und/oder Oliven.

● Man kann diese Creme vielfach abwandeln, beispielsweise statt Ricotta oder Quark (den teureren) Mascarpone verwenden. Oder man macht die Creme pikanter, indem man einen Teelöffel Kapern und 1 bis 2 kleingehackte Sardellenfilets hinzufügt.
Die Paste eignet sich auch zur Füllung von Blätterteigpastetchen, siehe Rezept auf Seite 15.

Sedano alla San Giovanni

Sellerie Sankt Johannes

Ist als kleiner Appetitanreger so gut geeignet wie als richtige Vorspeise (dem Pinzimonio, s. S. 117, ähnlich), dann steigere man die Mengen entsprechend. Doch macht sich der Sellerie auch um Mitternacht nicht schlecht, wenn man noch eine Kleinigkeit auf den Tisch bringen möchte. Ich gehe hier von dem Gedanken aus, die Selleriestücke als Mini-Imbiß zusammen mit einem trockenen Weißwein oder Prosecco (statt Aperitif) vor dem Essen zu servieren.

Ca. 4 Stangen Sellerie (1 pro Person)
1 hartgekochtes Eigelb
1–2 Sardellenfilets (nach Geschmack)
1 TL Kapern
1 Cornichon, klein gehackt
ein wenig Petersilie, fein gehackt
1 kleine Prise getrockneter Estragon (frischer ist noch besser!)
1 Prise Cayennepfeffer (oder fein zerriebener Peperone)
1 Spritzer Zitrone
Olivenöl extra vergine
Salz und Pfeffer nach Belieben
dazu:
100 g Parmesankäse, gesplittert
kleine Brotstückchen nach Belieben (möglichst angeröstet)

Den Sellerie putzen und jeweils in 3 bis 4 Stücke schneiden. Den Eidotter mit kleingehackten Sardellenfilets, Kapern, Cornichon, Petersilie, Estragon, Cayennepfeffer und Zitrone in den Mixer geben und nach und nach so viel Öl hinzufügen, daß sich eine geschmeidige Soße ergibt. Nach Belieben noch einmal mit Gewürzen abschmecken.
Die Soße auf vier kleine Portionsschälchen verteilen und Sellerie, Parmesan und Brot dazu servieren. Man ißt mit den Fingern, taucht den Sellerie in die Soße und ißt den Käse und die Brotstückchen dazu.

Salatini con ripieni diversi

Blätterteigtäschchen mit verschiedenen Füllungen

Selbst ungeübte Köchinnen können mit Hilfe von tiefgekühltem fertigen Blätterteig kleine Köstlichkeiten zum Aperitif bereiten. Man taut den Teig auf, wie auf der Packung angegeben, und rollt ihn möglichst noch etwas aus. Man kann beispielsweise ein langes, schmales Teigstück mit Fülle belegen und zu einer Rolle schließen, die man in Stücke schneidet. Oder man sticht mit Hilfe eines nicht zu großen Glases runde Teigstücke aus, die man in der Hälfte aufeinanderklappt. Oder man teilt den Teig einfach in Quadrate, die man dann jeweils diagonal durchschneidet und wiederum zu Dreiecken zuklappt. Die Ränder jeweils fest zusammendrücken. Ein Ei verquirlen und die Ränder ein wenig damit bepinseln. Ob man jeweils nur eine oder mehrere Füllungen bereitet, hängt von Zeit und Lust ab. Bei mehreren Füllungen wählt man möglichst für jede Fülle eine andere Teigform.

Die Salatini schmecken lauwarm am besten, aber man kann sie auch kalt servieren, oder man wärmt sie noch einmal ganz kurz auf. Sie sollten allerdings nicht allzu lange im voraus zubereitet werden.

Wieviel Fülle man braucht, hängt davon ab, ob man sie als Vorspeise oder nur als Appetithappen reicht. Man gart die Salatini jeweils etwa 15 bis 20 Minuten im auf 200°C vorgeheizten Ofen.

Im folgenden einige Vorschläge, die für vier Personen als kleine Vorspeise ausreichen dürften. Die auf Seite 14 unter *Barchette di sedano ripiene* angegebene *Salsa di tonno e ricotta* eignet sich ebenfalls sehr gut, man darf die Paste nur nicht allzu flüssig bereiten.

Salatini ai funghi

Pastetchen mit Pilzfülle

3 Frühlingszwiebeln (oder 1 normale Zwiebel)
300g Champignons (oder andere Pilze)
2 EL trockener Marsala (oder Sherry)
½ TL Senf
6 kleine entkernte grüne Oliven
30g Butter
1 EL Mehl
1 EL Milch
Salz, Pfeffer aus der Mühle

Die Frühlingszwiebeln waschen, putzen und sehr klein schneiden. Die Pilze sorgfältig mit Küchenpapier abreiben (Zuchtpilze muß man nicht unbedingt waschen), die Stielenden abschneiden. Grob hacken. Den Marsala mit dem Senf verrühren. Die Oliven in feine Scheiben schneiden.

Die Zwiebeln in der Butter andünsten, dann die Pilze hinzugeben und offen schmoren lassen, bis die Flüssigkeit verdunstet ist. Mit dem Mehl bestäuben und gut umrühren. Marsala und Milch hinzugeben, gut umrühren, einmal kurz aufkochen lassen. Feuer aus. Die Oliven hinzugeben, mit Pfeffer und Salz abschmekken (nach Belieben kann man auch ein wenig getrockneten, zerriebenen Peperoncino oder Tabasco hineingeben). Abkühlen lassen. Dann die Teigstücke damit füllen.

Salatini al timo
Thymian-Pastetchen

Statt der in Italien üblichen Salsiccia, einer pikanten Schweinsbratwurst, deren Fülle man auch roh verwenden kann, nehme man Schweinemett (oder Zwiebelmett, dann entsprechend weniger Zwiebeln).

3 Zwiebeln, geschält und klein gehackt
2 EL Olivenöl
300 g Schweinemett
1 Ei
2 EL frische Thymianblättchen (ersatzweise getrocknet)
Salz, Pfeffer aus der Mühle

Die Zwiebeln im Olivenöl auf nicht zu heißer Flamme anschmoren. Abkühlen lassen und mit Schweinemett, Ei und Thymian gut vermischen. Mit Salz und Pfeffer abschmecken. Dann die Teigstücke damit füllen.

● Statt Schweinemett kann man auch möglichst kleingeschnittenen durchwachsenen Speck verwenden.

Salatini agli spinaci
Spinatpastetchen

50 g durchwachsener Räucherspeck in dünnen Scheiben
1 kleine Zwiebel
1 Knoblauchzehe
300 g junger Spinat, geputzt und gewaschen
Salz, Pfeffer aus der Mühle
1 Hauch frisch geriebener Muskat
1 Ei
2 EL Sahne
50 g Parmesan, frisch gerieben

Den Speck in Streifchen schneiden und in einer beschichteten Pfanne anrösten.
Zwiebel und Knoblauchzehe schälen, fein hacken und zusammen mit dem feuchten Spinat in einen Topf geben. Dämpfen, bis der Spinat zusammenfällt. Würzen und abkühlen lassen, dann gut ausdrücken und nicht zu grob hacken.
Das Ei verquirlen, mit Sahne und Parmesan vermischen und unter den Spinat mengen, ebenso den angerösteten Räucherspeck. Die Teigstükke damit füllen und vor dem Backen eine Stunde in den Kühlschrank stellen.

Salatini con la mozzarella
Mozzarella-Pastetchen

2 Mozzarella-Käse
10 Sardellenfilets (ersatzweise Sardellenpaste)
Origano

Man teilt den Käse in Würfelchen und schneidet die Sardellenfilets klein. Nach Belieben kann man natürlich auch weniger Sardellen verwenden. Auf jedes Teigstück gibt man nun Käsewürfelchen, ein paar Sardellenstückchen (oder einen kleinen Klecks Paste) und bestreut mit gerebeltem Origano. Mag man's pikanter, kann man noch zusätzlich pfeffern oder ein wenig fein zerriebenen Peperoncino hinzugeben. Nicht oder wenig salzen, denn für die Würze sorgen die Sardellen.

● Statt Sardellen kann man feingehackten gekochten Schinken und weitere feingehackte frische oder getrocknete Kräuter nach Wahl untermischen.

● Wunderbar schmeckt nicht zu alter, milder Pecorino, Schafskäse, den man reibt und mit Eidotter und Pfeffer zu einer nicht zu flüssigen Paste verrührt.

● Aus tiefgekühltem Blätterteig kann man ganz schnell Gebäck zum Aperitif bereiten: Man bestreicht Blätterteigscheiben mit verquirltem Ei, bestreut sie mit geriebenem Parmesan und leicht mit Kräutern nach Wahl (z. B. Thymian, Rosmarin oder Origano – oder alle zusammen), pfeffert, schneidet die Scheiben in Streifen und gart sie im vorgeheizten Ofen.

Olive farcite
Gefüllte Oliven

Die angegebenen Mengen ergeben eine komplette Vorspeise für vier Personen – für Appetithappen reicht die Hälfte. Wichtig sind sehr große Oliven, andernfalls wird die Arbeit zu mühsam. Das Rezept stammt aus den Marken.

500 g große grüne Oliven
200 g nach Belieben gemischtes Hackfleisch (Schwein, Rind, Huhn)
20 g Butter
½ Glas Marsala (ersatzweise trockener Sherry oder Weißwein)
2 Eier
50 g roher Schinken, sehr fein gehackt
1 EL geriebener Pecorino (oder Parmesan)
1 EL Passata di pomodori (oder 1 geschälte, entkernte, kleingehackte Tomate)
Salz, Pfeffer aus der Mühle
etwas abgeriebene Muskatnuß
Mehl
Semmelbrösel
Öl zum Fritieren

Die Oliven mit einem Obstentkerner entkernen oder vorsichtig aufschneiden, entkernen und dabei möglichst wenig verletzen. Das Hackfleisch in der Butter einige Minuten kräftig anbräunen, dann den Marsala hinzugeben und verdampfen lassen. Die beiden Eier kräftig miteinander verquirlen.
Das Fleisch aus der Pfanne nehmen, Schinken, Pecorino, Tomate und ein wenig von dem geschlagenen Ei hinzugeben und nach Geschmack würzen (das Originalrezept sieht ein wenig geriebene schwarze Trüffel vor – aber die ist nicht nur teuer, sondern bei uns auch nur schwer frisch erhältlich). Man kann statt der Muskatnuß auch eine Prise Cayennepfeffer verwenden oder ein wenig feingehackten Peperone untermischen.
Die Oliven mit der Masse füllen, leicht in Mehl, dann in geschlagenem Ei und schließlich in den Semmelbröseln wälzen und in schwimmendem Öl ausbacken. Vor dem Servieren kurz auf Küchenpapier abtropfen lassen. Die Oliven schmecken sowohl heiß als auch lauwarm.

● Man kann die Oliven auch in größeren Mengen fertig zubereiten, einfrieren und nach Bedarf aufgetaut in Öl ausbacken.

Bocconcini di formaggio
Käsehappen

250 g Fontina (ersatzweise Gruyère o. ä. Käse)
6–10 Scheiben durchwachsener Speck
1 Bund Basilikum oder frische Salbeiblätter
etwas Fett für die Pfanne

Den Käse in nicht zu kleine Würfel teilen. Die Speckscheiben in Stücke schneiden, die groß genug sind, um den Käse hineinzuwickeln. Die Käsewürfel jeweils mit einem Basilikum- oder Salbeiblatt und dann mit dem Speck umwickeln. Mit Spießchen (Zahnstochern) feststecken. In eine nur ganz leicht eingefettete Pfanne geben und auf mittlerer Flamme knackig, aber nicht zu dunkel werden lassen. Heiß oder lauwarm servieren. *Foto rechte Seite.*

Cipolline marinate
Eingelegte Zwiebeln

500 g Schalotten
etwa ½ l trockener Weißwein (nach Bedarf etwas mehr)
1 kleine Prise Salz
1 gute Prise Zucker
Gewürzkräuter nach Belieben, z. B. Origano, Rosmarin, Thymian, Lorbeer
Pfeffer aus der Mühle
1 Handvoll feingehackte frische Petersilie
Olivenöl extra vergine

Die Zwiebelchen schälen, aber Wurzel- und Blattansätze nicht zu weit abschneiden, damit sie nicht auseinanderfallen.
Den Wein mit Salz, Zucker und den Kräutern erwärmen. Die Zwiebeln hineingeben. Reicht die Flüssigkeit nicht aus, gießt man noch etwas Wein nach, denn die Zwiebeln sollten gut bedeckt sein. Etwa 10–15 Minuten bei mittlerer Hitze garen (mit der Gabel vorsichtig prüfen) – sie sollten gar, aber nicht zu weich sein. Abtropfen lassen. Will man sie bald verwenden, gibt man sie in eine kleine flache Schüssel, ansonsten in ein gut verschließbares Glas: Schicht für Schicht leicht pfeffern und mit gehackter Petersilie bestreuen. Mit Öl aufgießen und ziehen lassen. *Foto rechte Seite.*

● Eine weitere Variante findet sich im Gemüsekapitel: *Cipolline all'uva* (s. S. 76).

Funghi sott'olio
Pilze in Öl

1 kg frische, feste Pilze
1 Glas Weißwein
1 Gläschen trockener Marsala
1 Glas Weißweinessig
Salz
Pfefferkörner nach Belieben
4 Lorbeerblätter
8 Gewürznelken
½ Zimtstange
Olivenöl extra vergine

Die Pilze sorgfältig mit Küchenpapier abreiben, möglichst nicht waschen, Stielenden abschneiden. Zusammen mit Wein und Essig in ein Gefäß geben, salzen und etwa fünf Minuten kochen lassen. Abgießen, auf einem Tuch ausbreiten und vollständig trocknen lassen. Die Pilze dann in gut verschließbare Gläser füllen und jeweils die Gewürze untermischen (Nelken, Zimt und Lorbeerblätter zerbröselt). Mit Olivenöl vollständig bedecken. Möglichst ein paar Wochen an einem dunklen, gut belüfteten Ort ziehen lassen. *Foto rechte Seite.*

● Man kann nach Belieben auch anders würzen – zum Beispiel mit Thymian, Rosmarin, Estragon und wer's mag mit Knoblauch.

Fichi in crucetta
Gefüllte Feigen

In Kalabrien füllt man die Feigen zur Hälfte mit Walnüssen und zur Hälfte mit Mandeln. Die grünen Feigen werden höher geschätzt, aber die dunklen schmecken auch sehr gut. Man nehme, was man in möglichst guter Qualität bekommen kann, natürlich auch Nüsse oder Mandeln. Sie schmecken ebenso köstlich vor wie nach dem Essen.

8 frische Feigen
50g geschälte Walnüsse und/oder Mandeln
abgeriebene Schale von 1 unbehandelten Zitrone
Butter zum Fetten der Form

Die Nüsse und/oder Mandeln grob hacken. Die Feigen oben kreuzförmig aufschneiden und vorsichtig öffnen, d.h. die Haut nach außen ziehen. In jede Feige ein wenig von den gehackten Nüssen geben. Mit der abgeriebenen Zitronenschale bestreuen.

Eine kleine feuerfeste Form (möglichst eine, die man gleich auf den Tisch setzen kann) mit wenig Butter einfetten, die Feigen kreuzförmig hineinsetzen und für etwa 10 Minuten in den auf mittlere Hitze vorgeheizten Backofen geben. Nachschauen – sie sollen nicht matschig werden.

Pomodori verdi e peperoni
Grüne Tomaten und Paprikaschoten

Dieses Rezept stammt aus den Langhe im Piemont. Die Essigmenge hängt sehr von seiner Schärfe ab. Am besten schmeckt man den Sud ab und gießt unter Umständen noch mit Wasser oder mit Wein auf.

750g grüne Tomaten
500g Paprikaschoten
¼ l guter Weißweinessig
¾ l trockener Weißwein
1 Zwiebel
2 Knoblauchzehen
2 Stangen Bleichsellerie
1 EL feingehackte Petersilie
1–2 Lorbeerblätter
5 Gewürznelken
1 Zweig Rosmarin
10 Kapern
1 Prise Zucker
1 TL Pfefferkörner und/oder 1 scharfer Peperone nach Belieben

Tomaten und Paprikaschoten waschen, trocknen, putzen, entkernen. Tomaten in Stücke teilen, Paprikaschoten in Längsstreifen und dann ebenfalls in Stückchen teilen.

Wein und Essig zum Kochen bringen.

Inzwischen Zwiebel und Knoblauchzehen schälen und fein hacken, Sellerie ebenfalls fein hacken und mit den Gewürzen vermischen (Lorbeerblätter und Nelken zerbröckeln). Die Pfefferschote, falls man sie verwendet, zuvor entkernen und halbiert oder in Stückchen hinzufügen

Sobald die Flüssigkeit aufkocht, die Gemüse hineingeben und etwa eine Minute darin kochen lassen. Erst ganz zum Schluß die Gewürzmischung hinzufügen. Abgießen, aber die Flüssigkeit aufbewahren. Das Gemüse in Gläser füllen und sofort mit der Flüssigkeit aufgießen.

Mostarda di frutta

Eingelegte Senffrüchte

Die angegebene Menge ergibt etwa 2½ kg Mostarda, da man sie zum Einwecken in größeren Mengen kocht. Sie schmeckt besonders gut zu gekochtem oder gebratenem Fleisch (siehe Kapitel »Fleischgerichte«). Nach Belieben kann man die Früchte auch in kleinere Stücke schneiden.

---

5 feste, säuerliche Äpfel
5 feste Birnen
5 möglichst kleine, unbehandelte Orangen
5 nicht zu weiche grüne Feigen
300 g feste Kirschen
8 nicht zu reife Aprikosen
2 kg Zucker
Senfpulver

Äpfel und Birnen schälen, vierteln und vom Gehäuse befreien. Die Orangen sorgfältig waschen, trocknen und vierteln. Eventuell vorhandene Kerne entfernen. Die Feigen waschen, trocknen und halbieren. Kirschen waschen, trocknen, entkernen, Aprikosen ebenfalls waschen, trocknen, zweiteilen und die Steine entfernen.
Die Früchte nach Sorten getrennt in Zuckerwasser nicht zu weich kochen. Abgießen und in eine große Schüssel geben. Die verschiedenen Fruchtsirups zusammengießen, noch etwas Zucker hinzugeben und einkochen lassen. Sobald die Flüssigkeit zu kochen beginnt, gibt man das Senfpulver hinzu; die Menge hängt vom eigenen Geschmack ab. Je mehr man hinzugibt, um so reizvoller ist der Kontrast zwischen Süße und pikantem Gewürz. Die Früchte möglichst gleichmäßig auf Gläser verteilen und mit dem noch heißen Sirup begießen. Abkühlen lassen und fest verschließen. Vor dem Verzehr etwa einen Monat ziehen lassen.

Carciofi marinati

Eingelegte Artischocken

In Italien verwendet man kleine, frische Artischocken, die man vorgart, doch kann man auf diese Weise auch Artischockenherzen aus der Dose würzen. Die Menge ist hier eher als Appetithappen oder als Beilage zu Wurst oder Schinken gedacht.

---

8 kleine frische oder abgetropfte Artischockenherzen aus der Dose
Saft von ½ Zitrone
4 EL Olivenöl extra vergine
Salz, Pfeffer aus der Mühle
1 Knoblauchzehe, geschält und fein gehackt
1 EL gehackte frische Petersilie
nach Belieben ½ kleiner frischer Peperone (ersatzweise ein wenig fein zerhackter getrockneter)

Die Artischocken mit den übrigen Zutaten vermischen und ziehen lassen. Vor dem Servieren noch einmal durchmischen und nach Bedarf nachwürzen oder etwas Zitronensaft hinzufügen. Man kann Knoblauch und/oder Peperone nach Belieben verwenden oder auch weglassen. Statt Petersilie paßt auch frische Minze hervorragend, und ein kleiner Schuß trockener Marsala (oder Sherry) macht die Angelegenheit noch etwas pfiffiger.

Arance in aceto
Orangen in Essig

Diese pikant eingelegten Orangen, die man auf Vorrat zubereiten kann, schmecken besonders gut zu kaltem gebratenen Fleisch, zum Beispiel *Arista* (s. S. 94). Wichtig sind sehr frische, aromatische, nicht zu saure, unbehandelte Orangen. Die Essigmenge hängt ein wenig von der Qualität ab. Guter Balsamessig ist in der Regel sehr konzentriert. Verwendet man einen leichteren Rotwein- oder Weißweinessig, kann man unter Umständen etwas mehr nehmen, am besten schmeckt man den Sud ab. Er darf pikant sein, wenn die Orangen relativ süß sind.

8 schöne mittelgroße, unbehandelte Orangen
½ EL grobkörniges Salz
500 g Puderzucker
3 EL Rohrzucker
½ Glas Balsamessig (Aceto balsamico)
¾ Glas Wasser
1 TL grob zermahlene Pfefferkörner
1 TL Kardamom
1 TL gemahlener Zimt
6 Gewürznelken, im Mörser zerdrückt

Die Orangen waschen und nebeneinander in einen Topf setzen. Das Salz hinzufügen und so viel Wasser, daß die Früchte gerade bedeckt sind. Langsam zum Kochen bringen. Etwa eine Stunde auf sehr kleiner Flamme köcheln lassen. Abgießen und auf Küchenpapier abtropfen lassen. In einen anderen Topf Puderzucker, Rohrzucker, Essig, ¾ Glas Wasser, Pfefferkörner, Kardamom, Zimt und Gewürznelken geben. Aufkochen lassen und auf kleiner Flamme unter ständigem Rühren etwa 10 Minuten köcheln lassen. Das Gemisch muß eine relativ feste, sirupartige Konsistenz annehmen. Vom Feuer nehmen und abkühlen lassen. Die Orangen vierteln und dann in Scheiben schneiden. Den Sirup in einen anderen Topf abseihen und die Orangenscheiben hineingeben. Langsam zum Kochen bringen und etwa 10 Minuten leise köcheln lassen. Zwischendurch vorsichtig umrühren. In Glasgefäße geben, in die kurz zuvor kochendes Wasser gefüllt wurde und die man dann sorgfältig abtrocknet. Nach Möglichkeit ein paar Wochen durchziehen lassen. *Foto rechte Seite.*

Caprino sott'olio
Ziegenkäse in Öl

Man kann den pikant eingelegten Käse ein paar Wochen aufbewahren; er ist ideal als kleiner Imbißvorrat und in kleinen Mengen mit frischem Brot oder beispielsweise einer kleingeschnittenen Focaccia zum Aperitif. Frische Kräuter sind natürlich ungleich würziger und dekorativer im Glas – ma pazienza, nur Geduld, was soll's, sagen die Italiener, breiten die Arme in beredter Geste aus und arrangieren sich... Am besten, man macht es genauso: bekommt man keinen italienischen Ziegenkäse, nimmt man einen anderen, nimmt getrocknete Kräuter statt der frischen und steckt vielleicht noch ein Zweiglein frischen Estragon, Dill oder ein paar Basilikumblätter mit ins Glas. Den Knoblauch und die Pfefferkörner kann man nach Belieben auch weglassen.

Einige kleine, feste Ziegenkäse (insgesamt etwa 750 g)
1 Zweig Rosmarin
1 Zweig Thymian (1 EL getrockneter)
2 Lorbeerblätter
4 Salbeiblätter
1–2 Knoblauchzehen, geschält und halbiert
einige Pfefferkörner
gutes Olivenöl

Die Käse zusammen mit allen übrigen Zutaten, die man dazwischen verteilt, in ein großes, gut verschließbares Glas geben und mit Öl übergießen. Möglichst an einem kühlen, dunklen Ort (aber nicht im Kühlschrank) lagern. Nach ein paar Tagen gegebenenfalls noch etwas Öl nachgießen. Der Käse hat nach etwa einer Woche Würze angenommen und hält sich so ein paar Wochen.
Will man noch intensiver würzen, übergießt man den Käse zuerst mit einem Gläschen Grappa, läßt ihn ein paar Stunden ziehen, dann abtropfen und legt ihn erst dann in Öl ein. Zusätzlich kann man einen halben oder einen ganzen scharfen Peperone mit ins Glas geben. *Foto Seite 23.*

Melanzane sott'olio
Auberginen in Öl

1 kg möglichst kleine Auberginen
Salz
½ l Weinessig
Olivenöl extra vergine
2 Knoblauchzehen, geschält und fein gehackt
1 TL Origano, getrocknet
grobgemahlener schwarzer Pfeffer
1 scharfer Peperone, entkernt und fein gehackt
nach Belieben auch Thymian und Rosmarin

Die Auberginen schälen und in ca. 1 cm dicke Scheiben schneiden. Salzen und mit einem Gewicht beschweren. Einige Stunden ziehen und dann abtropfen lassen.
Den Weinessig erhitzen und die Auberginen wenige Minuten darin kochen. Abgießen und auf Küchenpapier möglichst gut trocknen lassen (in Italien macht man das unter der Sonne).
In verschließbare Gläser zuerst ein wenig Öl gießen, dann die Auberginen daraufgeben und pro Lage jeweils mit einem Teil der Gewürze bestreuen (man kann den Peperone natürlich auch fortlassen) und mit einem großen Löffel leicht zusammenpressen. Mit Olivenöl begießen, das Öl sollte einen Fingerbreit über dem Inhalt stehen. Fest verschließen und kühl aufbewahren. Vor dem Verzehr mindestens einen Monat ziehen lassen.

● Eine andere Möglichkeit: Man läßt die Auberginen 24 Stunden im Salz ziehen, drückt sie dann sehr sorgfältig aus und füllt sie, ohne sie zu kochen, wie beschrieben mit Gewürzen in fest verschließbare Gläser, besprüht jede Schicht mit ein wenig Weinessig und gießt dann mit Olivenöl auf.
Auf ähnliche Weise kann man gemischte Gemüse zubereiten: Man nimmt jeweils zu gleichen Teilen Auberginen, Paprikaschoten, Karotten, Blumenkohl, Schalotten, Bleichsellerie, Fenchel und kleine Gurken, die man putzt und in kleine Stücke schneidet. 24 Stunden gesalzen und mit einem Gewicht beschwert ziehen lassen, sorgfältig ausdrücken, in ein sauberes Gefäß geben, mit gutem Weinessig übergießen und weitere 24 Stunden ziehen lassen. Erneut abgießen und gut ausdrükken, mit den Gewürzen in gut verschließbare Gefäße geben und mit Olivenöl bedecken.

Carote in agro alla piemontese

Karotten süß-sauer auf piemontesische Art

500g möglichst kleine, junge Karotten
gut ½ l trockener Weißwein
1 Glas guter Weißweinessig
gemischte, möglichst frische Kräuter:
1 Zweig Rosmarin
einige Zweige Petersilie
2 Zweiglein Minze
einige Zweige Basilikum (einige Blätter zurückbehalten)
1–2 Lorbeerblätter
2–3 Knoblauchzehen
1 gehäufter EL Zucker
4 großzügige EL Olivenöl
Salz
1 TL Pfefferkörner (oder Pfeffer aus der Mühle nach Belieben)

Die Karotten leicht schaben, dann waschen und jeweils längs in vier Spalte schneiden (ältere und größere Karotten schneidet man noch einmal in der Mitte durch). In einen Topf geben und einen halben Liter kaltes Wasser, den Wein und den Essig darübergießen. Den Kräuterbund aus Rosmarin, Petersilie, Minze, Basilikum (einige Blätter zurückhalten) und Lorbeer hinzufügen, außerdem die geschälten und halbierten Knoblauchzehen, Zucker, Olivenöl, Salz und Pfefferkörner hinzugeben. Aufkochen und ca. 15–20 Minuten im offenen Topf leise köcheln lassen. Zwischendurch prüfen: die Karotten sollen nicht zu weich werden, aber die Garzeit hängt ein wenig von Größe und Alter ab. Auch den Sud abschmecken: falls er zu sauer geraten ist, gibt man noch ein wenig Zucker und Wein hinzu, im entgegengesetzten Fall vorsichtig Essig. Die Karotten herausnehmen und in eine Schüssel geben. Den Sud abseihen und sofort darübergießen. Einige grob gehackte Basilikumblätter darüberstreuen. Abkühlen lassen, den Behälter zudecken und in den Kühlschrank stellen. Nach zwei Tagen kann man die Karotten essen, und sie lassen sich eine Weile aufbewahren. Man reichte sie ursprünglich vor allem zum *Bollito misto,* gemischtem gekochten Fleisch, doch passen sie sehr gut zu einem gemischten Vorspeisenbüfett.

● Man kann den Sud auch mit den Kräutern über die Möhren gießen. Mag man es pikanter, gibt man statt der Pfefferkörner ½–1 entkernten Peperone in den Sud (den man nach Belieben nach dem Garen entfernen kann).

Olive piccanti

Pikant eingelegte Oliven

Oliven im Laden einkaufen und in Schälchen den Gästen hinstellen, kann jeder... Doch lassen sie sich ohne große Mühe pikant abwandeln, in Gläser füllen und auf diese Weise auch auf Vorrat bereithalten. Man wählt die Oliven nach Möglichkeit nicht allzu groß. Mit frischen Gewürzkräutern schmeckt's natürlich besser, aber man kann getrost auch getrocknete nehmen (nicht uralt werden lassen – dann sollte man sich lieber davon trennen und neue kaufen!), denn sie weichen im Olivenöl, das allerdings wirklich gut (extra vergine) sein sollte. Falls man keinen Knoblauch mag, läßt man ihn weg oder ersetzt ihn nach Belieben durch ein wenig Zwiebel. Man kann z. B. schwarze und grüne Oliven halb und halb mischen, Thymian, Rosmarin, Origano und je nach Menge 1–2 Lorbeerblätter, 2–4 geschälte und halbierte Knoblauchzehen, 1–2 scharfe Peperoni (wenn man's scharf mag; entkernen, sonst werden sie teuflisch pikant) vermischen, in ein Glas geben und mit Olivenöl übergießen. Möglichst ein paar Tage ziehen lassen.

● Möchte man die Früchte ein wenig milder einlegen, nimmt man 250 g schwarze Oliven, 1 TL gut zerriebenen Origano, 2 Lorbeerblätter, 3–4 geschälte Knoblauchzehen (nach Belieben) und übergießt sie mit Rotwein, den man zuvor mit wenig Olivenöl vermischt hat.

● Nimmt man die Oliven aus Öl/Sud, kann man neue hineinlegen oder das gewürzte Öl/Sud für einen Braten verwenden.
Für ein Partybüfett können die Oliven (zuvor eingelegt oder nicht) z. B. mit Zitronenstückchen, Schnitzen von frischen oder eingelegten Paprikaschoten, Basilikum- oder Petersilienblättern angerichtet werden.

Fondi di carciofi ripieni

Gefüllte Artischockenböden

Die Artischockenböden werden mariniert, wie bei *Eingelegte Artischokken* (s. S. 21) beschrieben, nur ohne Petersilie und Knoblauch. Und dann füllt man sie so dekorativ wie möglich mit Leberpastete (s. S. 92), die man mit kleinen Champignons aus der Dose oder mit Scheibchen frischer Champignons garniert; mit marinierten Muscheln, Wurst- oder Schinkenscheibchen, feingehacktem und mit Kräutern vermischtem Caprino oder Pecorino, mit Krabben auf einer leichten Schicht von möglichst selbstgemachter Mayonnaise (die man mit einem Schuß Marsala oder Cognac, etwas Tomatenmark und einem Spritzer Tabasco vermischt hat), mit marinierten (oder frischen, kleingehackten, mit einer Vinaigrette gewürzten) Champignons usw.

Cavolini di Bruxelles sott'olio

Rosenkohl in Öl eingelegt

1 kg Rosenkohl
reichlich grobkörniges Salz
1 EL oder mehr schwarze Pfefferkörner
4–6 Gewürznelken
1–2 Knoblauchzehen nach Belieben
Olivenöl extra vergine

Den Rosenkohl in kochendes Salzwasser geben und im offenen Topf garen; er darf aber auf keinen Fall zu weich werden. Gut abtropfen und abkühlen lassen. Sobald die Köpfchen erkaltet sind, sehr sorgfältig mit Küchenpapier trocken tupfen. Man gibt sie nun in ein sauberes, völlig trockenes Gefäß und verteilt Pfefferkörner (nach Belieben auch mehr als angegeben), Gewürznelken und, wenn man mag, geschälten und halbierten Knoblauch dazwischen. Das Glas zu dreiviertel füllen und dann langsam mit Öl aufgießen, bis der Kohl völlig bedeckt ist. Das Glas an einen kühlen, dunklen Ort stellen; in den nächsten Tagen den Ölstand kontrollieren und eventuell nachgießen, da das Gemüse zu Anfang noch Öl aufsaugt und das Öl stets einen Fingerbreit darüber stehen sollte. Erst dann das Glas fest verschließen. Vor dem Verzehr möglichst ein paar Wochen ziehen lassen.

Asparagi sott'olio

Spargel in Öl eingelegt

Man nimmt für dieses Rezept nur die Spargelspitzen und verwendet den Rest für ein anderes Gericht, z.B. Suppe. Diese Menge ergibt etwa 500 g Spargelspitzen.

1 kg (möglichst grüner) Spargel
1 l Weißweinessig
Salz
schwarze Pfefferkörner
einige Lorbeerblätter
Olivenöl extra vergine

Die geschälten Spargelspitzen schnell unter fließendem Wasser waschen und dann gut mit Küchenpapier trocken tupfen. Den Essig zusammen mit einer kräftigen Prise Salz zum Kochen bringen, dann den Spargel hineingeben, aber nicht länger als zwei Minuten garen; er darf nicht zu weich werden. Abtropfen lassen und auf sauberen Tüchern zum Trocknen ausbreiten. Sodann in saubere, trockene Glasgefäße geben und Pfefferkörner sowie Lorbeerblätter dazwischen verteilen. Mit Öl aufgießen, ruhen lassen und nach Bedarf noch weiteres Öl nachgießen. In den nächsten Tagen den Ölstand kontrollieren, eventuell erneut nachgießen – das Öl sollte stets einen Fingerbreit über dem Gemüse sein. Die Gefäße verschließen und vor dem Verzehr möglichst 3–4 Wochen ziehen lassen.

Taralli

Gebackene Teigringe

Taralli sind eine typische Spezialität aus Kampanien, und in Neapel kann man sie überall an Straßenständen kaufen. In Abwandlung kennt man sie aber auch in Apulien. Ideal zum Aperitif. Frisch schmekken sie besonders gut, aber sie können auch eine Weile aufbewahrt werden.

30 g Bierhefe
500 g Mehl
Salz, Pfeffer aus der Mühle
150 g frisches Schweineschmalz

Die zerbröckelte Hefe in 3–4 EL lauwarmem Wasser auflösen. Das Mehl auf die Arbeitsfläche sieben, einen TL Salz und sehr reichlich frisch gemahlenen Pfeffer aus der Mühle hinzugeben und gut vermischen. Man drückt nun eine Mulde ins Mehl, gibt das in kleine Stückchen geschnittene Schmalz sowie die aufgelöste Hefe hinein und verarbeitet alles mit so viel Wasser wie notwendig zu einem geschmeidigen, aber nicht allzu festen Teig. Möglichst etwa 10–15 Minuten energisch durchkneten. Nun teilt man den Teig in Stückchen und formt mit den Händen längliche Rollen, die nicht mehr als etwa 1 cm Durchmesser und 10 cm Länge haben sollten. Zu Kringeln formen und die Enden jeweils sorgfältig zusammendrükken. Auf ein leicht bemehltes Brett legen, mit einem Tuch bedecken und an einem nicht zu kühlen Ort etwa eine Stunde gehen lassen.
Dann das Backofenblech leicht mit weichem Schmalz bestreichen. Den Backofen auf ca. 160 °C vorheizen. Die Taralli auf das Blech geben und etwa eine Stunde im Ofen backen.

● In Apulien – und auch manche kampanischen Rezepte sehen dies vor – taucht man die aufgegangenen Taralli kurz in kochendes Wasser (bei abgestelltem Feuer), bevor man sie auf das Ofenblech legt.

● Man kann dem Teig auch ca. 40 g Fenchelsamen untermischen. Oder man belegt die Taralli mit Mandeln, bevor man sie in den Ofen schiebt.

Eierspeisen – Käsegerichte – Ausgebackenes

Ein Lob der Frittata! Man kann sie als Hauptgericht, kleines Zwischengericht oder als Vorspeise bereiten. Sie kann kleingeschnitten und in Stückchen zum Aperitif serviert werden. Sie schmeckt heiß, lauwarm oder kalt, und deshalb kann man sie auch in den Picknickkorb packen. Kommt überraschend Besuch, hat man die Möglichkeit, zumindest einen kleinen Imbiß zu bereiten, vorausgesetzt, man hat ein paar Eier vorrätig. Und dann schaut man nach, was sonst noch im Hause ist und kombiniert mit ein wenig Fantasie: z.B. kann man mit einer Zwiebel, einer Knoblauchzehe, ein wenig Petersilie (allen möglichen Küchenkräutern), ein wenig Schinken oder Wurst, Fleisch- oder Gemüseresten oder frischem Gemüse fast jeder Art, einem Stück Hartkäse, Krabben, gemischten Meeresfrüchten (Miesmuscheln, Venusmuscheln, Shrimps) usw. in kürzester Zeit ein mehr oder weniger pikant gewürztes ansehnliches Gericht auf den Tisch bringen. (Und Reste schmekken als Einlage in guter Fleischbrühe!) Die Frittata sollte nur nicht trokken sein, sondern außen goldbraun und innen feucht, aber selbst ungeübte Köche haben das schnell im Griff.
Im folgenden ein paar Vorschläge aus verschiedenen italienischen Regionen, eine längere Anleitung für das erste Rezept und kürzere für die weiteren, denn wenn man das Prinzip einmal begriffen hat…

Frittata alle erbe alla friulana

Eierkuchen nach der Art von Friaul

Statt Lauch und Zwiebel kann man z.B. nur Frühlingszwiebeln verwenden. Hat man Spinat und jungen Mangold zur Hand (bei kleinen Mengen ermöglicht das wohl nur der Gemüsegarten), vermischt man sie halbe/halbe oder man gibt nach Gusto andere frische Kräuter, wenn man will auch Knoblauch, dazu. Ist kein frischer Salbei erhältlich, verwendet man besser Petersilie. Statt Olivenöl ist auch Butter möglich.

300g Spinat oder frischer Mangold
1–2 Lauchstangen (je nach Größe)
1 kleine Zwiebel
1 Bund Basilikum
einige frische Salbeiblätter
4–5 Eier
Salz, Pfeffer aus der Mühle
gutes Olivenöl

Spinat und/oder jungen Mangold waschen und putzen, die Stiele abschneiden. In sprudelndem Salzwasser blanchieren, gut abtropfen lassen und klein schneiden.
Lauch putzen und durchaus auch einen Teil des Grüns verwenden. In feine Ringe schneiden. Die Zwiebel schälen und fein hacken. Basilikum- und Salbeiblätter ebenfalls klein hacken.
Die Eier in einer mittelgroßen Schüssel leicht verquirlen (nicht schaumig schlagen), salzen und pfeffern.
In einer schweren Pfanne, für die man möglichst auch einen gut passenden Deckel hat, ein wenig Olivenöl erhitzen, Zwiebel und Lauch auf mittelstarker Flamme gut andünsten, aber nicht braun werden lassen. Nach ein paar Minuten Spinat oder Mangold und die Kräuter hinzugeben, mischen und noch ein wenig offen dünsten lassen, bis die Mischung gut durchgegart und relativ trocken ist. Dann zu den Eiern geben und gut durchmischen.
In der Pfanne, in der man das Gemüse gedünstet hat, erneut Öl erhitzen und die Ei-Gemüse-Mischung hineingießen. Auf nicht zu starker Flamme stocken lassen und mit einem dünnen Spatel die Eimasse zwischendurch von Pfannenrand und -boden lösen, damit sie sich nicht festsetzt. Sobald sie zu dreiviertel durchgegart erscheint, mit Hilfe eines gut passenden Deckels oder Tellers wenden und nur ganz kurz auf der anderen Seite garen.

● Man kann die Eimasse auch etwa 10 Minuten in einer flachen, leicht eingeölten Form im auf mittlere Hitze (ca. 200°C) vorgeheizten Backofen garen. Man muß sie dann nicht wenden. Aber nicht trocken werden lassen, die Oberfläche sollte noch leicht feucht sein. Ist die Frittata noch nicht fest, läßt man sie ein paar Minuten im abgestellten Backofen ruhen.

● *Frittata di biete:* Man kann die Frittata auch nur mit jungem Mangold (oder Spinat) zubereiten. Putzen, waschen, in einem Topf zusammenfallen lassen. Abkühlen lassen, klein schneiden und mit einer kleingeschnittenen Zwiebel in Olivenöl andünsten. Mit 4 Eiern und 100 g Parmesankäse vermischen, mit feingehacktem Majoran, einem Hauch frisch abgeriebener Muskatnuß, Pfeffer und Salz würzen.

● Man kann Frittata z. B. auch mit vorgedünstetem grünen Salat, Endiviensalat, jungen grünen Bohnen, Erbsen (nach Belieben gemischt mit Krabben), Lauch, jungen Artischokken, Blumenkohl oder Broccoli, Paprikaschoten, Zucchini, Pilzen usw. bereiten.

Rotolo di spinaci
Eirolle mit Spinat

---

20 g Trockenpilze
2 EL Mehl
8 Eier
Milch nach Bedarf
Salz, Pfeffer aus der Mühle
Butter für die Form
300 g tiefgefrorener Blattspinat
2 frische Salbeiblätter (ersatzweise getrocknet)
40 g Butter
100 g Sahne
200 g Ricotta (ersatzweise fester Quark)
1 Handvoll Parmesankäse, frisch gerieben
100 g gekochter Schinken in Scheiben

Die Pilze in warmem Wasser einweichen.
Das Mehl durchsieben, in eine Schüssel geben und die Eier hineinschlagen. Mit der Gabel sorgfältig zu einem glatten Teig verrühren. Sollte er zu fest geraten, gibt man ein wenig Milch hinzu. Pfeffern und salzen. Eine flache Bratenform großzügig buttern (oder mit Alufolie auslegen) und den Teig gleichmäßig hineingeben. Für 15 Minuten oder bis die Frittata fest geworden ist, in den auf 180 °C vorgeheizten Ofen schieben. Inzwischen den Spinat mit wenig Wasser in einen Topf geben und nach Gebrauchsanweisung auftauen lassen (man kann selbstverständlich auch frischen Spinat verwenden). Abtropfen lassen, gut ausdrücken und klein hacken. Die Pilze waschen, ebenfalls klein hakken und zusammen mit den kleingehackten Salbeiblättern in 40 g Butter andünsten. Den Spinat hinzugeben, durchrühren und dann die Sahne hinzufügen. Kurz köcheln lassen und mit Salz abschmecken. Abkühlen lassen und mit Ricotta oder Quark und dem geriebenen Käse vermischen. Nach Bedarf noch einmal mit Gewürzen abschmecken.
Die Frittata auf eine Arbeitsplatte gleiten lassen, mit dem gekochten Schinken belegen und die Spinat-Quark-Masse gleichmäßig darüber verteilen. Vorsichtig einrollen, in Alufolie wickeln und noch einmal für 15 Minuten in den auf mittlere Hitze vorgeheizten Ofen geben. In Scheiben geschnitten und nach Belieben heiß oder abgekühlt servieren. *Foto Seite 28/29.*

Frittata alla barcarola
Eierkuchen auf ligurische Art

5 Eier
2 Knoblauchzehen
1 Bund Petersilie
1 Bund Basilikum
6 Sardellenfilets (oder 100g Krabben)
1 große, reife Tomate
2 EL Olivenöl extra vergine
Salz, Pfeffer aus der Mühle
Olivenöl

Die Eier in einer Schüssel verquirlen. Knoblauchzehen schälen und fein hacken, Petersilienblättchen und Basilikum ebenfalls fein hacken. Sardellenfilets grob hacken. Die Tomate kurz mit kochendem Wasser überbrühen, abziehen und klein hacken (nach Belieben auch entkernen). In einem Pfännchen das Olivenöl erhitzen und zuerst den Knoblauch hineingeben, dann Petersilie, Basilikum und Sardellen. Ein paar Minuten schmoren lassen und dann die Tomate hinzugeben. Würzen und noch einmal gut 5 Minuten köcheln. Abkühlen lassen und dann mit den Eiern vermischen. In reichlich gutem Olivenöl ausbacken.

Frittata di asparagi
Eierkuchen mit Spargel

Die Frittata mit den dünnen Stangen wilden Spargels ist eine apulische Spezialität, die uns in nördlichen Landen versagt bleibt. Doch schmeckt sie auch mit jungem grünen Spargel sehr gut.

1 kg junger grüner Spargel
Salz
1 Bund Petersilie
5 Eier
2 EL pikanter Pecorino, frisch gerieben
Salz, Pfeffer aus der Mühle
Olivenöl

Den Spargel waschen und die unteren harten Teile großzügig abschneiden. Wenn der Spargel frisch ist, muß man ihn nicht weiter schälen; man schneidet ihn in Stückchen und blanchiert ihn kurz in kochendem Salzwasser. Gut abtropfen lassen.
Inzwischen zupft man die Petersilienblättchen ab und hackt sie fein. Die Eier verquirlen, Käse, Petersilie und den Spargel hinzugeben. Mit Salz und Pfeffer abschmecken. Etwas Öl in einer Pfanne erhitzen und weiter so vorgehen, wie unter *Frittata alle erbe* (s. S. 30) beschrieben.

Frittata con menta e prezzemolo
Eierkuchen mit Minze und Petersilie

5 Eier
150g Semmelbrösel
100g Pecorino, frisch gerieben
1 Bund Petersilie
etwa die gleiche Menge frische Minzeblättchen
Salz, Pfeffer aus der Mühle
Olivenöl

Die Eier in einer Schüssel gut verquirlen. Sodann Semmelbrösel, geriebenen Käse sowie die kleingehackten Minze- und Petersilienblättchen hinzugeben. Salzen und pfeffern, kurz ziehen lassen und in einer Pfanne ausbacken, in der man Olivenöl erhitzt hat. Siehe dazu Rezept *Frittata alle erbe* auf Seite 30.

● Man kann dieses Rezept abwandeln, indem man statt Petersilie und Minze zwei bis drei Büschel Basilikum verwendet.

Frittata di cipolle

Eierkuchen mit Zwiebeln

Köstlich, wenn auch nicht ganz leicht verdaulich, ist die Frittata di cipolle. Man verwende deshalb möglichst die milden weißen Gemüsezwiebeln. Dieses Gericht kennt man mit kleinen Varianten in vielen Regionen. Das folgende sehr einfache Rezept stammt aus den Abruzzen; im Anschluß Abwandlungsvorschläge.

600 g große weiße Zwiebeln
Salz, Pfeffer aus der Mühle
Origano
Olivenöl extra vergine
5 Eier

Die Zwiebeln schälen, in feine Scheiben schneiden, pfeffern, salzen und mit einer Prise Origano bestreuen. Sodann in Olivenöl weichdünsten. Vom Feuer nehmen und abkühlen lassen.
In einer Schüssel die Eier verquirlen, salzen, die Zwiebeln hinzufügen und gut vermischen. Dann geht man weiter vor, wie unter *Frittata alle erbe* (s. S. 30) beschrieben. Diese Frittata schmeckt kalt besonders gut.

● Man kann der Frittata auch ca. 50 g frisch geriebenen Käse (möglichst Parmesan und Pecorino zu gleichen Teilen) hinzufügen, den man mit den Eiern vermischt. Statt mit Origano mit frischem Basilikum oder mit Minze würzen.
In Kampanien gibt man noch ein wenig feingeschnittenen rohen Schinken und vorgedünstete kleingeschnittene Tomaten darunter.

Frittata di mozzarella

Eierkuchen mit Mozzarella

4 Eier
1 EL feingehackte Petersilie
2 gehäufte EL Parmesan, frisch gerieben
Salz, Pfeffer aus der Mühle
Olivenöl extra vergine
1 Mozzarella-Käse

Die Eier mit Petersilie, Parmesan, Pfeffer und Salz vermischen. In einer Pfanne das Olivenöl erhitzen und die Eimasse hineingeben.
Den Mozzarella in Würfelchen oder in feine Scheiben schneiden.
Sobald der Eierkuchen fest zu werden beginnt, verteilt man den Mozzarella in einem breiten Streifen über die Mitte, klappt die Ränder von zwei Seiten mit Hilfe eines Pfannmessers darüber und läßt ihn fertiggaren. Heiß oder lauwarm servieren.

● Nach Belieben kann man zusammen mit dem Mozzarella auch vorgegarte Gemüse auf den Eierkuchen geben.

Frittelle di zucchini
Zucchiniplätzchen

500 g Zucchini
2 Zwiebeln
1 Bund Basilikum (oder Dill oder Petersilie)
4 Eier
60 g Mehl
2 kleine Becher Sahnejoghurt
Salz, Pfeffer
Olivenöl

Die Zucchini waschen und fein raspeln, die Zwiebeln schälen und sehr fein hacken, die Kräuter waschen, trocknen und die abgezupften Blättchen fein hacken; alles gut vermischen.
Die Eier in einer Schüssel verquirlen und langsam das Mehl hinzugeben. Sobald beides glatt verrührt ist, mengt man die Joghurt unter, salzt und pfeffert. Kurz ziehen lassen und dann mit dem Gemüse vermischen. Hat man das Gefühl, daß die Mischung zu flüssig ist, gibt man noch ein wenig Mehl hinzu. Den Teig jeweils mit einem kleinen Schöpflöffel herausnehmen und die Plätzchen in Olivenöl goldbraun ausbacken.
Die Plätzchen schmecken lauwarm und auch kalt sehr gut. *Foto linke Seite.*

● Auf die gleiche Weise kann man auch Lauchplätzchen bereiten. Man nimmt statt Zucchini die gleiche Menge Lauch und hackt ihn sehr fein. In diesem Fall läßt man die Zwiebeln weg und gibt nach Belieben noch feingehackten Knoblauch hinzu.

Frittelle di carote
Karottenplätzchen

Ob man Peperone bzw. Pfefferkörner verwendet oder nicht, hängt davon ab, wie pikant man es mag.

600 g Karotten
2 Eier
1 frischer grüner, entkernter, feingehackter Peperone oder 1 EL grüne Pfefferkörner nach Belieben
1 EL feingehackte Petersilie
1 EL Cognac
Mehl
Salz
Öl

Die Karotten schaben und in Salzwasser garen, aber nicht zu weich werden lassen. Abgießen und durch die Gemüsemühle drehen – überschüssigen Saft abgießen. Ein Ei, Peperone oder Pfefferkörner und die Petersilie untermischen, den Cognac und so viel Mehl wie notwendig, damit sich ein nicht zu flüssiger Teig ergibt; salzen (falls man keinen Peperone verwendet, auch pfeffern). Bällchen formen, die man glattdrückt.
In einen Teller etwas Mehl, in einen anderen das zweite verquirlte Ei geben. Die Plätzchen erst durch Ei, dann durch Mehl ziehen und in reichlich Öl ausbacken. Auf Küchenpapier abtropfen lassen und heiß servieren.

Frittatine ai fagiolini
Bohnen-Crêpes

2 Eier
Salz, Pfeffer aus der Mühle
3 EL Mehl
1 Schuß Weißwein (oder Bier)
1 Glas Milch
100 g junge grüne Bohnen
1 Bund Petersilie (oder Schnittlauch)
einige Basilikumblätter
Öl zum Ausbacken
1 Zweig frischer Majoran (ersatzweise getrocknet)

In einer Schüssel die Eier verquirlen, pfeffern und salzen. Unter kräftigem Schlagen das Mehl hinzugeben, den Wein und langsam etwa ein Glas Milch, bis sich ein glatter, flüssiger Teig ergibt. Ein paar Stunden im Kühlen stehenlassen.
Inzwischen die Böhnchen waschen, putzen und in wenig kochendes Salzwasser geben. Etwa 15 Minuten köcheln lassen; sie sollen gar, aber noch fest sein. Abgießen, abkühlen lassen und in eine Schüssel geben.
Die gewaschenen, getrockneten Petersilien- und Basilikumblätter fein hacken und mit den Bohnenstückchen vermischen. Das Ganze nun sorgfältig mit dem Teig vermischen.
Wenig Öl in eine kleine beschichtete Pfanne geben und mit einem kleinen Schöpflöffel Teig für den ersten Crêpe hineingeben. Ein paar Minuten von beiden Seiten goldbraun backen (mit Hilfe eines großen Pfannmessers wenden) und warm stellen. So fortfahren, bis der Teig aufgebraucht ist. Die Crêpes auf eine vorgewärmte Platte geben und mit abgezupften Majoranblättchen bestreuen.

● *Frittatine ai piselli:* Man kann diese Crêpes ebensogut mit vorgegarten Erbsen zubereiten und gibt dann nach Belieben zusätzlich noch winzige Würfelchen von gekochtem oder rohem Schinken in den Teig.

Fonduta
Käsefondue

Die Fonduta ist ein klassisches piemontesisches Rezept, das ursprünglich aus dem Aostatal kommt. Sie wird meist in Portionsschälchen serviert, doch kann man sie auch wie jedes andere Käsefondue zu Tisch bringen. Dann stelle man sie jedoch auf ein Kerzenstövchen und nicht aufs Rechaud, da sie nicht kochen darf.

600 g Fontina
2½ Tassen (4 dl) Milch
50 g Butter
6 Eigelb
weißer Pfeffer, Salz
1–2 geraffelte Trüffel (nach Belieben)
in Butter angeröstete Weißbrotecken

Den Käse entrinden, fein würfeln und mehrere Stunden, womöglich über Nacht, in die Milch einlegen.
Butter und Käse mit der Milch unter ständigem Rühren mit einem Holzlöffel im Wasserbad miteinander verschmelzen. Sobald sich Käse und Milch zu einer glatten Creme verbunden haben, nacheinander die Eigelb hinzugeben und kräftig durchrühren, bis die Masse sich gut vermischt hat. Die Fonduta darf nicht aufkochen, da sonst die Eier gerinnen. Salzen und pfeffern, aber Salz sehr vorsichtig verwenden, denn ein gut gelagerter Fontina ist sehr kräftig im Geschmack.
Sollte die Fonduta zu dünn geraten, gibt man ein wenig Stärkemehl hinzu. In vorgewärmte Schalen füllen,

nach Belieben Trüffel darüber raspeln (oder auch feine Scheibchen von Zuchtchampignons) und zusammen mit den warmen, in Butter angerösteten Weißbrotecken servieren.

● Fonduta eignet sich auch hervorragend als Soße zur Pasta, als Soße zu Gemüsegerichten (z. B. Blumenkohl) oder zum Überbacken von Gemüse. Man kann nach Belieben auch frisches Gemüse hineintauchen.

● Fonduta ist auch als Fertigprodukt in Dosen auf dem Markt. Man frage in italienischen Spezialitätenläden.

Brôss d'Aosta

Pikant angemachter Käse

In Varianten – jeweils mit dem örtlichen Käse zubereitet – kennt man Brôss (oder auch Bruss) in vielen Regionen. Im Piemont bereitet man ihn z. B. aus Robiola, aus Ricotta und Gorgonzola oder aus scharf mit Pfefferschote und Knoblauch gewürztem Toma. Er wird mit frischem Weißbrot und Weißwein zum Aperitif oder mit Rotwein als Nachtisch serviert.

---

300 g Fontina
weißer Pfeffer aus der Mühle
Grappa

Den Käse entrinden, in feine Scheiben und dann in dünne Streifchen schneiden. In einen kleinen Steinguttopf füllen und Schicht für Schicht mit Pfeffer bestreuen. So viel Grappa angießen, daß der Käse gut bedeckt ist. Zudecken und mindestens drei Tage ziehen lassen. Dann zur Creme rühren und servieren.

● *Liptauer,* ein anderer pikant angemachter Käse aus der Gegend von Triest: Gorgonzola und Mascarpone werden mit Butter, Kümmel, Paprika und Senf gut verknetet. Dann mischt man Lauch, Zwiebel, Sardellen und Kapern – alles sehr fein gehackt – unter und läßt den Käse kurz durchziehen.

Die folgenden beiden verschiedenfarbig angemachten Käse – Toma und Robiola sind sehr wohlschmekkende Weichkäse – werden im Piemont in der Regel zusammen serviert. Dazu reicht man Scheiben von Bauernbrot, die mit Öl beträufelt und im Ofen geröstet wurden, und einen leichten, trockenen Weißwein. Man muß aber zusehen, daß die Käse möglichst frisch sind, andernfalls können auch andere Weichkäse nach Belieben verwendet werden.

Cipollata rossa
Toma rot angemacht

200 g frischer Toma oder Robiola
1 rote Paprikaschote
1 große Zwiebel
1 Prise feingehackte frische oder fein zerriebene getrocknete rote Pfefferschote
½ TL Paprikapulver, edelsüß
Saft von ½ Zitrone
2 EL Olivenöl extra vergine
Salz

Die gewaschene, getrocknete Paprikaschote in den vorgeheizten Ofen geben und garen, bis die Haut bräunlich wird. Leicht abkühlen lassen und dann abziehen. Strunk, Rippen, Kerne entfernen und die Schote klein schneiden. Zusammen mit der geschälten, kleingeschnittenen Zwiebel, der Pfefferschote, dem Paprikapulver, Zitronensaft, Olivenöl und einer Prise Salz in den Mixer geben und pürieren. Dieses Püree sorgfältig mit dem Käse verkneten. Kühl stellen.

Agliata verde
Toma grün angemacht

200 g frischer Toma oder Robiola
10 Blätter vom Bleichsellerie
½ Bund Petersilie
½ Bund Basilikum
2 Knoblauchzehen, geschält
Salz, Pfeffer aus der Mühle
Saft von ½ Zitrone
2 EL Olivenöl extra vergine

Die Sellerieblätter, Petersilie und Basilikum sorgfältig waschen, trocknen und grob schneiden (vom Basilikum verwendet man nur die Blätter, von der Petersilie auch einen Teil der Stengel). Zusammen mit dem Knoblauch im Mörser zu einer feinen Paste verarbeiten. Die Gewürze, Zitronensaft und Öl unter ständigem Rühren hinzugeben. Mit dem Käse sorgfältig verrühren, bis er eine gleichmäßige grüne Farbe angenommen hat. Kühl stellen und zusammen mit der *Cipollata rossa* servieren.

Polpettine di formaggio alle mandorle
Käsebällchen mit Mandeln

250 g Parmesan, frisch gerieben
4 EL Mehl
weißer Pfeffer aus der Mühle
2 Eiweiß
180 g geschälte Mandeln, fein gehackt
Öl zum Ausbacken

Den Käse mit dem durchgesiebten Mehl und Pfeffer nach Belieben vermischen. Das Eiweiß steif schlagen und vorsichtig unter die Käsemasse ziehen. Zu Bällchen formen und in den Mandeln wälzen. Das Öl erhitzen – aber nicht zu heiß werden lassen, weil sonst die Mandeln braun werden, bevor das Innere gar ist – und portionsweise ausbacken. Auf Küchenpapier kurz abtropfen lassen und servieren.

Palline del prete
Priesterbällchen

200 g vorgegarter Spinat, ausgedrückt und fein gehackt
500 g Ricotta (oder fester Quark)
2 Eier
50 g Parmesan, möglichst frisch gerieben
100 g Semmelbrösel
1 Knoblauchzehe, geschält und fein gehackt
1 EL feingehackte Petersilie
Salz, Pfeffer aus der Mühle
Pflanzenöl und Butter

Man vermischt Spinat, Ricotta, Eier, Parmesan, Semmelbrösel, Knoblauch und feingehackte Petersilie miteinander und schmeckt mit Salz und Pfeffer ab. Sodann formt man kleine Bällchen; sollten sie an den Händen kleben, gibt man nach und nach Semmelbrösel hinzu, bis die Konsistenz richtig ist.
Die Bällchen in eine leicht mit Pflanzenöl eingefettete Form setzen, Butterflöckchen daraufgeben und 15 Minuten in dem auf 180 °C vorgeheizten Ofen garen. Aus der Form heraus servieren.

Mozzarella in carrozza
Ausgebackener Mozzarella

Dieses neapolitanische Gericht – fast so berühmt wie die Pizza – wird dort zwar als Vorspeise serviert, aber es ist sättigend und kann deshalb zusammen mit gemischtem Salat eine sommerliche Zwischenmahlzeit bilden.

8 Scheiben nicht zu frisches Weißbrot
300 g Mozzarella
1 Gläschen Milch
2 Eier
Salz, Pfeffer aus der Mühle
Semmelbrösel
Öl zum Ausbacken

Vom Brot die Rinde abschneiden, den Mozzarella in vier Scheiben teilen. Die Brotscheiben sollten etwas größer als die Mozzarellascheiben sein. Zwischen je zwei Brotscheiben eine Mozzarellascheibe legen. Jeweils von beiden Seiten mit Milch beträufeln. Gut zusammenpressen und durch die Eier ziehen, die man in einem tiefen Teller mit Pfeffer und Salz verquirlt hat. Nun in den Semmelbröseln wälzen und im stark erhitzten Öl goldgelb ausbacken.

● Wünscht man den Geschmack noch etwas pikanter, legt man jeweils ein Sardellenfilet auf die Mozzarellascheiben.

Caciu all'argintera
Pikanter Provolone – ausgebacken

Provolone ist in der Regel *dolce* (mild und weich) und *piccante* (pikant und hart) auf dem Markt. Für dieses Rezept benötigt man Provolone piccante, denn er schmilzt nicht, weil er ein Hartkäse ist. Auf der nächsten Seite folgt ein Rezept mit mildem Provolone.

400 g Provolone piccante
1 Knoblauchzehe
3 EL Olivenöl extra vergine
1 TL guter Weißweinessig
1 Prise fein zerriebener Origano
½ TL Zucker

Den Käse in nicht zu feine Scheiben schneiden. Den Knoblauch schälen, fein zerdrücken und im Öl, das man langsam erhitzt, ziehen lassen. Die Käsescheiben hineingeben und von beiden Seiten Farbe annehmen lassen. Mit Essig besprühen und mit Origano und Zucker bestreuen. Heiß servieren.

Cotolette di provolone dolce

Milder Provolone – ausgebacken

400 g Provolone dolce
100 g Semmelbrösel
2 EL frischer Rosmarin, fein gehackt (getrocknet entsprechend weniger)
ein wenig Thymian und Salbei, fein gehackt (ersatzweise getrocknet)
1 Knoblauchzehe, fein gehackt
1 Ei
Salz, Pfeffer aus der Mühle
Butter zum Bräunen

Den Käse in Scheiben schneiden. Die Semmelbrösel zusammen mit den Kräutern und dem Knoblauch in eine Schüssel geben und gut vermischen. In einer anderen Schüssel das Ei verquirlen, pfeffern und salzen. Die Käsescheiben zuerst durch das Ei und dann durch die Semmelbrösel ziehen und kurz in Butter von beiden Seiten bräunen. *Foto rechts.*

Panzarotti

Neapolitanische Teigtäschchen

Teig:
300 g Weizenmehl
1 Messerspitze Salz
2 EL Schweineschmalz oder Olivenöl
Öl zum Ausbacken

Füllung:
150 g Ricotta
100 g Mozzarella
100 g gekochter Schinken
50 g Salami
1 Bund Petersilie, fein gehackt
2 Eier, 50 g Parmesan, gerieben
Salz, Pfeffer aus der Mühle

Aus Mehl, Salz, Fett und ausreichend Wasser den Teig bereiten. Sehr gut durchkneten und zimmerwarm mit einem Tuch bedeckt etwa eine Stunde ruhen lassen.
Den Ricotta mit einer Gabel zerdrücken und verrühren. Mozzarella, Schinken und Salami in kleine Würfel schneiden. Mit Petersilie, Eiern und Parmesan unter den Ricotta mischen. Mit Salz und Pfeffer abschmecken.
Den Teig sehr dünn auf der mit Mehl bestreuten Arbeitsfläche ausrollen. Mit Hilfe eines Glases Kreise ausstechen und auf jeden Kreis ein Häufchen Füllung (nicht zu viel) geben. Zu Halbmonden falten, die Ränder gut andrücken und im schwimmenden Öl goldgelb ausbacken. Heiß servieren.

● Für die Panzarotti eignen sich auch die unter *Salatini* (s. S. 15/16) beschriebenen Füllungen.

Crocchette della Valle d'Aosta

Käsekroketten auf Art des Aostatals

120 g Mehl
1 Glas Milch
400 g Fontina
100 g Butter
Salz, Pfeffer aus der Mühle
1 Hauch frisch geriebene Muskatnuß
2 Eidotter
1 ganzes Ei
Semmelbrösel
Öl zum Ausbacken

Das Mehl durchsieben und mit der Milch zu einem glatten Brei verrühren. Den Fontina entrinden und würfeln. Beides zusammen mit der Butter in einen Topf geben und würzen. Auf kleiner Flamme unter ständigem Rühren langsam erhitzen. Sobald sich die Masse zu einer dicken, glatten Creme verbunden hat, nimmt man sie vom Feuer und mischt die beiden Eigelb unter. In eine gebutterte Form gießen und abkühlen lassen.
Das ganze Ei kräftig schlagen. Aus der abgekühlten Ei-Käse-Masse Bällchen formen, die man zuerst im Ei und dann in den Semmelbröseln wälzt. In reichlich Öl schwimmend ausbacken und heiß servieren.

Supplì alla trasteverina

Reiskroketten auf römische Art

Im Latium nennt man sie Supplì, in Sizilien Arancini – Reiskroketten, die im schwimmenden Öl ausgebacken werden. Sie eignen sich als Vorspeise und in entsprechender Menge auch als Hauptgericht. Zudem eine ideale Resteverwertung, denn man kann sie auf die unterschiedlichste Weise füllen, es muß nicht die in diesem Rezept beschriebene etwas aufwendige Fülle auf römische Art sein (und es macht auch nichts, wenn eine Zutat, z. B. Kalbsbries, gerade nicht erhältlich ist und weggelassen wird – man erhöht dann jeweils die anderen Zutaten ein wenig oder nimmt statt dessen gehacktes Kalbfleisch). Weitere Vorschläge unter *Arancini di riso* (s. S. 43). Der Reis kann nach Belieben auch in Fleischbrühe gekocht werden. Im Prinzip wäre italienischer Reis (z. B. Vialone) zu verwenden, aber jeder andere gute Reis, wie gewohnt gekocht, eignet sich auch: im folgenden die Kochangabe für italienischen Reis. Die genannte Menge ergibt etwa 20 Bällchen und damit schon ein sättigendes Gericht. Andernfalls halbiert man die Mengen.

400 g Reis
Salz
80 g Butter
80 g Parmesan, gerieben
2 Eier

Füllung:
30 g Trockenpilze
¼ Zwiebel, klein gehackt
40 g Butter
40 g roher Schinken, klein gehackt
2 Hühnerleberchen, klein gehackt
100 g Hackfleisch
80 g gesäubertes Kalbsbries, klein gehackt
1 EL Tomatenpüree (ersatzweise Tomatenmark)
Salz und Pfeffer nach Belieben
150 g Mozzarella, gewürfelt
Semmelbrösel
Öl zum Ausbacken

Den Reis »al dente«, körnig, kochen: reichlich Salzwasser zum Kochen bringen und den Reis hineingeben. Umrühren und im offenen Topf etwa 15 Minuten garen. Den Reis in ein Sieb abgießen, in eine Schüssel geben und sofort mit der Butter, dem Parmesan und den Eiern vermischen. Abkühlen lassen.

Die Pilze in lauwarmes Wasser geben.

Inzwischen die gehackte Zwiebel bei milder Hitze in der Butter leicht anbräunen. Den kleingeschnittenen Schinken, die fein zerkleinerten Hühnerlebern, das Hackfleisch und die Briesstückchen hinzugeben und anbraten. Die Pilze abtropfen lassen, klein schneiden, ebenfalls hinzugeben und dann Tomatenpüree einrühren (falls man Mark verwendet, leicht mit etwas Wasser oder Fleischbrühe verdünnen). Mit den Gewürzen abschmecken und im offenen Topf etwa 15 bis 20 Minuten leise köcheln und eindicken lassen.

Die Kroketten formen: Etwas Reis auf die Handfläche geben und flach drücken. In die Mitte einen Klecks Soße und darauf einige Mozzarellawürfel setzen. Mit Reis bedecken und ein Reisbällchen formen; auf diese Weise alle Zutaten verarbeiten. Die Kroketten in den Semmelbröseln wälzen und im heißen Öl knusprig ausbacken. Auf Küchenkrepp abtropfen lassen und heiß servieren.

● *Arancini di riso:* In Sizilien bereitet man den Reis ebenso, aber man würzt ihn noch mit einem Tütchen Safran. Die Fülle besteht aus Zwiebel, ca. 100g gemischtem Hackfleisch, etwas kleingehacktem durchwachsenen Speck und gekochtem Schinken, 100g grünen Erbsen, etwas Tomatenpüree und Mozzarellawürfelchen. Man geht im übrigen vor, wie bereits beschrieben.
Für die Fülle kann auch ausschließlich Hühnerfleisch (oder andere Geflügelreste) verwendet werden. Man kann auch eine weiße Fülle aus dick eingekochter Bechamel-Soße bereiten, in die man 100g Erbsen und 100g Mozzarellawürfelchen mischt.
Noch einfacher, schnell und trotzdem köstlich: Man gibt eine Mischung aus Schinkenwürfelchen (roh oder gekocht) und Mozzarellawürfelchen hinein.

Crocchettine di patate
Kartoffelkroketten

Einfach zuzubereiten sind die heißen Kartoffelbällchen, die in Neapel an jeder Straßenecke verkauft werden. Sie sind wie die Pizza als schnelle, aber köstliche Zwischenmahlzeit gedacht und können auch sehr gut als leichte Vorspeise serviert werden.

600g mehlige Kartoffeln
3 Eier
50g Butter
100g Parmesan
1 Bund Petersilie, klein gehackt
Salz, Pfeffer
Semmelbrösel
Öl zum Ausbacken

Die Kartoffeln in der Schale kochen, schälen und durch die Presse drükken oder zerstampfen. Mit einem ganzen Ei und einem Eidotter, der Butter, dem Käse, Petersilie, Pfeffer und Salz zu einem Teig vermischen. Gut durchkneten und Bällchen formen (das geht leichter, wenn man die Hände ein wenig mit Wasser oder Öl befeuchtet). Das verbliebene Eigelb verquirlen, das Eiweiß zu festem Schnee schlagen und unterziehen. Die Bällchen erst im Ei und dann in den Semmelbröseln wenden. Im schwimmenden Öl ausbakken und heiß servieren.

Uova con salsa verde
Eier mit grüner Soße

Man kann diese Soße auch sehr gut zu pochierten Eiern servieren.

2 Sardellenfilets
1 EL Kapern
1 kleine Zwiebel
1 Knoblauchzehe
1 Handvoll feingewiegte gemischte frische Kräuter (z.B. Petersilie, Basilikum, Zitronenmelisse, Estragon, Schnittlauch, Kresse)
Saft von 1 Zitrone
1 Prise Zucker
weißer Pfeffer aus der Mühle
½ Tasse Olivenöl extra vergine
4 hartgekochte Eier
4–5 EL möglichst selbstgerührte Mayonnaise

Sardellen und Kapern fein hacken. Zwiebel und Knoblauch schälen, ebenfalls fein hacken. Die Kräuterblättchen abzupfen und ebenfalls möglichst fein hacken. Den Zitronensaft mit Zucker und Pfeffer verrühren (Salz erübrigt sich im allgemeinen wegen der stark würzigen Sardellen und Kapern), dann alle übrigen Zutaten hinzugeben und gut zur Soße vermischen.
Die Eier schälen, halbieren und das Eigelb herausnehmen. Die Eihälften mit Mayonnaise füllen. Das harte Eigelb durch ein kleines Sieb passieren und dieses pulverisierte Eigelb über die gefüllten Eier streuen.
Die Eier auf einer Platte anordnen und mit Soße umgeben.

Kleine Gemüsegerichte

Bagna caôda

Frisches Gemüse in heißer Knoblauchsoße

Mit Bagna caôda – auch Bagna cauda –, was soviel wie heiße Tunke bedeutet, wärmt man sich im Piemont in der kalten Jahreszeit den Magen. Knoblauch muß man allerdings mögen, denn je mehr man hineingibt, um so besser wird die Soße. Früher bereitete man sie mit Nußöl zu, da im alpennahen Piemont keine Oliven wachsen. Das Rezept existiert in zahllosen Variationen. Grundbestandteile sind jedoch immer Knoblauch, Anchovis und Olivenöl, deren kräftiger Geschmack häufig durch Butter und Milch oder Sahne und manchmal auch durch Barbera oder anderen kräftigen Rotwein abgemildert wird. Im folgenden zu der beliebigen Gemüseauswahl zwei Soßenversionen: Die erste ist kräftiger, die zweite ein wenig milder (sie erfordert mehr Vorbereitungszeit). Am besten bereitet man die Soße auf dem Ofen vor und setzt sie erst dann aufs Rechaud.

Pro Person ca. 300 g frisches oder kurz vorgegartes Gemüse nach Jahreszeit und Geschmack, in mundgerechte Stücke geschnitten (Paprikaschoten, Fenchel, in Röschen zerteilter Blumenkohl oder Broccoli, Karotten, Frühlingszwiebeln, Champignons, Radicchio, Rauke, Weißkohl, Radieschen, Topinambur, Kardonen bzw. junge Artischocken usw.)
frisches Stangenweißbrot oder Grissini

Soße 1:
90 g Butter
12 Knoblauchzehen, geschält und zerdrückt
1 großes Glas Olivenöl extra vergine
8 Sardellenfilets, klein gehackt

Die Butter erhitzen, den Knoblauch hinzufügen und mehrmals umrühren. Das Olivenöl hineingießen und erhitzen, dann die kleingehackten Sardellenfilets hinzugeben. Sobald die Sardellen zerfallen sind, noch einmal gut durchrühren und die Soße auf den Tisch bringen.

Soße 2:
5 Knoblauchzehen (1 pro Person, 1 für den Topf ist die Faustregel; nach Geschmack auch mehr)
ein paar frische, abgezogene, grobgehackte Walnüsse nach Geschmack und Jahreszeit
1 Tasse Milch
6 Sardellenfilets (nach Belieben Dosis verdoppeln)
1 Tasse Olivenöl extra vergine

Knoblauchzehen schälen und halbieren, gegebenenfalls den grünen Trieb entfernen. In einem kleinen Topf mit kaltem Wasser bedeckt aufs Feuer stellen. Falls man Walnüsse dazunimmt (dieser Brauch geht auf die Zeit zurück, als man das Gericht mit Nußöl zubereitete), gibt man sie jetzt ebenfalls hinein. Leise köcheln lassen, bis das Wasser fast völlig verdunstet ist.
Die Milch hineingießen und erhitzen, aber nicht aufkochen lassen, dann die Sardellen hinzufügen. Im offenen Topf auf kleiner Flamme etwa eine halbe Stunde auf dem Feuer lassen. Hin und wieder umrühren.
Mit einer Gabel Knoblauch, Nüsse und Sardellen zerdrücken und die Mischung zu einer homogenen Masse verrühren. Das Olivenöl langsam unter Rühren hinzugeben – erhitzen, aber nicht kochen lassen, und die Bagna caôda aufs Rechaud stellen.

● Sobald die Soße zur Neige geht, schlägt man – so besagt es der Brauch bei diesem ursprünglich rein bäuerlichen Gericht – ein paar Eier hinein, rührt gut durch und putzt so den Topf aus.

● Da die Soße sehr sättigend ist, kann man die Bagna caôda auch als Hauptgericht servieren; man steigert dann die Mengen entsprechend.

Carciofi con la mozzarella

Artischocken mit Mozzarella

Die angegebene Menge ergibt ein komplettes Gericht. Für eine leichte Vorspeise reicht eine Artischocke pro Person.

8 mittelgroße Artischocken
Saft von 1 Zitrone
200 g Mozzarella
20 g geriebener Parmesan
20 g geriebener Pecorino (harter Schafskäse)
1 EL Semmelbrösel
1 EL Petersilie, fein gehackt
1 Ei
Salz, Pfeffer aus der Mühle
4 gesalzene Anchovis oder 8 in Öl eingelegte Filets
1 Glas Olivenöl

Die Artischocken von den äußeren trockenen Blättern befreien und die harten Enden abschneiden, ebenso die Stiele abschneiden. In eine große Schüssel mit kaltem Wasser und Zitronensaft geben, damit die Schnittstellen sich nicht verfärben. Mozzarella klein hacken und mit Parmesan, Pecorino, Semmelbröseln, Petersilie, verquirltem Ei, Pfeffer und Salz gut vermischen.
Die Artischocken aus dem Wasser nehmen, abtrocknen und die Blätter auseinanderdrücken. Die Füllung auf die Vertiefungen verteilen. Auf jede Artischocke ein Anchovisfilet legen.
Die Artischocken in einen flachen Topf setzen, jede Artischocke mit etwas Öl beträufeln. So viel Wasser in den Topf füllen, daß es etwa die Hälfte der Artischocken erreicht und das restliche Öl hinzugeben. Den Topf zudecken und auf mäßiger Flamme eine gute Viertelstunde köcheln lassen – das Wasser sollte weitgehend verdunsten. Anschließend noch ca. 10 Minuten in den auf mittlere Temperatur vorgeheizten Backofen stellen.

● *Carciofi alla villanella:* Eine kleine Zwiebel und eine Knoblauchzehe schälen, fein hacken, kurz in Olivenöl anbräunen, aus der Pfanne nehmen. 6 EL Semmelbrösel zusammen mit 4 feingehackten Sardellenfilets, ½ TL Zucker, wenig Salz und reichlich Pfeffer kurz in der Pfanne anrösten. Mit Zwiebel, Knoblauchzehe, reichlich feingehackter Petersilie und 1–2 EL feingehackten Kapern vermischen und die Artischocken damit füllen. Ansonsten vorgehen wie im nebenstehenden Rezept angegeben.

● *Carciofi alla romana:* Eines der berühmtesten Artischocken-Rezepte, für das man allerdings ganz junge, frische Artischocken benötigt. 8 Artischocken wie beschrieben sehr großzügig putzen. Eine Handvoll frische Minzeblättchen und eine Handvoll Petersilienblättchen waschen, trocken tupfen und fein hakken. Mit zwei geschälten, kleingehackten Knoblauchzehen, Pfeffer und Salz vermischen und die Artischocken damit füllen. Mit der Öffnung nach unten möglichst dicht nebeneinander in ein passendes feuerfestes Gefäß geben. Zur Hälfte mit Wasser aufgießen und so viel Olivenöl hinzufügen, daß die Artischocken gerade bedeckt sind. Zugedeckt im auf mittlere Hitze vorgeheizten Ofen etwa 40 Minuten garen. Die Kochzeit hängt sehr von der Größe ab – unter Umständen reicht auch weniger. Abgießen, abkühlen lassen und mit der Soße begießen.

Caponata alla siciliana
Sizilianische Gemüsemischung

Ca. 500 g Auberginen (je nach Größe)
50 g Rosinen
250 g Zwiebeln
200 g Tomaten
2 Stangen Bleichsellerie
100 g kleine, in Salzlake (in salamoia) eingelegte Oliven
Olivenöl
50 g Kapern
50 g Pinienkerne
1 Bund frisches Basilikum, fein gehackt
Salz
1 kleiner Peperone, entkernt und fein gehackt
½ Glas Weinessig
1 Prise Zucker

Die Auberginen waschen, in Würfel oder Stäbchen schneiden und in ein großes Sieb geben. Großzügig salzen, ein bis zwei Stunden ziehen und die bittere Flüssigkeit abtropfen lassen. Die Rosinen in warmem Wasser einweichen.
Die Zwiebeln schälen und in Scheiben schneiden. Die Tomaten kurz mit siedendem Wasser überbrühen, abziehen, den Bleichsellerie in Stükke schneiden. Die Oliven nach Belieben entkernen. Die Rosinen abtropfen lassen.
In einem niedrigen Topf oder in einer großen Pfanne reichlich Olivenöl erhitzen, die abgetropften und gut getrockneten Auberginenstücke unter Wenden darin garen, mit dem Schaumlöffel herausnehmen, auf Küchenpapier abtropfen lassen und in eine Schüssel geben. Im selben Öl

den Sellerie garen, nicht zu weich werden lassen. Zu den Auberginen geben. Nun die Zwiebel in das Öl geben und leicht anbräunen lassen. Tomaten, Oliven, Kapern, Rosinen, Pinienkerne und die Hälfte des Basilikums hinzufügen, etwa 10 Minuten unter Wenden auf kräftigem Feuer garen. Leicht salzen, Auberginen, Sellerie, Peperone, Essig und Zucker hinzufügen und nochmals kurz aufkochen lassen. Durchrühren und den Essig einige Minuten eindampfen lassen. Nochmals nach Bedarf mit Gewürzen abschmecken, mit dem restlichen Basilikum bestreuen und kalt stellen. Die Caponata schmeckt aber auch warm sehr gut. *Foto linke Seite.*

● Dieses sehr typische sizilianische Gericht existiert in vielerlei Varianten. Man kann Rosinen und Pinienkerne weglassen und gibt statt dessen gehackte Mandeln hinzu; auch Artischocken oder Paprikaschoten passen in die Gemüsemischung, und nach Belieben kann man zusätzlich noch mit gemahlenem Zimt und Gewürznelken abschmecken. In einer noch aufwendigeren Version werden zusätzlich kleine Kraken *(polpi)*, Garnelen und Bottarga, getrockneter Thunfischkaviar, hinzugegeben.

Cianfotta napoletana

Neapolitanische Gemüsemischung

Dieses kampanische Gericht ist der französischen Ratatouille sehr ähnlich. Als typische Sommerspeise wird es lauwarm oder kalt gegessen. In dieser Form bildet es ein vollständiges Zwischengericht – ansonsten reduziere man die Mengen.

600 g Auberginen
300 g Kartoffeln
700 g Paprikaschoten
300 g Zwiebeln
250 g Tomaten
1 Knoblauchzehe, fein gehackt
Olivenöl extra vergine
Salz, Pfeffer aus der Mühle
1 EL feingehacktes frisches Basilikum
1 EL feingehackte Petersilie
1 Prise getrockneter Origano

Die Auberginen vom Stielansatz befreien, in Würfel schneiden und eine Stunde in Salz ziehen lassen. Dann abtropfen lassen und mit Küchenpapier trocknen. Die Kartoffeln schälen, waschen und würfeln. Die Paprikaschoten waschen, trocknen, von Stielansatz, Rippen und Kernen befreien und in Stücke schneiden. Zwiebeln schälen und in Scheiben schneiden. Die Tomaten mit heißem Wasser überbrühen, abziehen und in Stücke schneiden.
Zwiebeln und Knoblauch in einem flachen Topf in Olivenöl goldgelb anbräunen, dann alle anderen Gemüse hinzugeben, salzen und pfeffern. Eine halbe Stunde bedeckt köcheln lassen. Dann den Deckel abnehmen und auf kräftiger Flamme die Flüssigkeit weitgehend verdunsten lassen. Die Kräuter hinzugeben und nach Bedarf noch einmal mit Gewürzen abschmecken.

● Wer einen noch pikanteren Geschmack liebt, läßt einen ganzen scharfen Peperone mitkochen, den man vor dem Servieren entfernt. Man kann nach Belieben auch noch Zucchini und Bleichsellerie hinzugeben – dann die anderen Mengen entsprechend ein wenig reduzieren.

Finocchi dolci

Fenchel in süßer Soße

Dieses etwas ungewöhnliche – aber köstliche – Rezept habe ich bei Nico Valerio gefunden, der sich wiederum auf ein Rezept des Corrado aus dem Jahr 1781 beruft. Den Orangensaft kann man nach Belieben durch Zitronensaft ersetzen, dann nehme man etwas weniger.
Im Anschluß noch einige weitere Fenchelvariationen.

4 Fenchelknollen
Salz
1 Scheibe Zitrone
1–2 Knoblauchzehen (nach Belieben)
70–100 g Thunfisch aus der Dose
Saft von 1–2 Orangen (je nach Größe)
4 EL Olivenöl extra vergine
30 g Rosinen
50 g Pinienkerne
2 EL Minze, fein gehackt
2 EL Estragon, fein gehackt
Pfeffer aus der Mühle

Vom Fenchel den Strunk, die oberen Stiele und die harten Außenblätter entfernen. Das Kraut, soweit es frisch ist, klein hacken und später zu den Gewürzkräutern geben. Die Knollen längs vierteln und in so viel kochendes Salzwasser geben, daß der Fenchel gerade davon bedeckt ist; Zitronenscheibe hinzufügen. Nicht zu weich werden lassen – in etwa 15 Minuten müßte er gar sein. Aus dem Wasser nehmen, abtropfen lassen und in kleinere Spalte schneiden.

Knoblauchzehen schälen und fein hacken, Thunfisch fein zerbröckeln und zusammen mit den übrigen Zutaten zur Soße verrühren. Nach Bedarf noch etwas salzen. Über den Fenchel geben und vorsichtig vermischen. Vor dem Servieren gut durchziehen lassen, am besten mindestens 24 Stunden. *Foto Seite 51.*

● *Finocchi dorati* – Fritierter Fenchel: Fenchel wie zuvor angegeben vorbereiten, in kleine Spalte schneiden und garen. Abgießen und auf Küchenpapier trocknen. Leicht in Mehl, dann in 1–2 mit einer Prise Salz verquirlten Eiern wenden (oder in einem leichten Teig aus Ei, Salz, Mehl und Milch) und dann in schwimmendem Öl ausbacken.

● *Finocchi al vino* – Fenchel im Weinsud: Den Fenchel vorbereiten, wie zuvor angegeben, Grün aufbewahren. In einem Sud aus 1½ Glas Weißwein und ½ Glas Wasser mit einer Prise Salz garen, auf eine Platte legen und mit einer Vinaigrette übergießen, die man aus 3 EL Kochsud, 1 TL Aceto balsamico (Balsamessig) und 2 EL Olivenöl extra vergine, Pfeffer und Salz bereitet. Gehacktes Fenchelgrün, 1–2 TL Kapern und feine Schalenschnitzchen von einer unbehandelten Zitrone darüberstreuen.

● *Finocchi gratinati* – Überbackener Fenchel: Fenchel wie zuvor angegeben putzen und garen. In eine mit Butter ausgestrichene feuerfeste Form legen. 4 EL frisch geriebenen Parmesankäse, 4 EL Semmelbrösel, Pfeffer aus der Mühle vermischen; nach Belieben auch eine geschälte, zerdrückte Knoblauchzehe und 1 EL frische, feingehackte gemischte Würzkräuter (z. B. Thymian, Minze, Majoran) oder 1 knappen TL getrocknete untermischen und kleine Butterflöckchen daraufsetzen. Im vorgeheizten Backofen 10–15 Minuten überbacken. Statt Knoblauch und Kräutern kann man auch 2 EL Pinienkerne verwenden. *Foto Seite 51.*

● *Finocchi alla romana* – Fenchel auf römische Art: Kleine Fenchelknollen wie zuvor angegeben vorbereiten, frisches Grün klein hacken und beiseite stellen. Halbieren und mit der Schnittfläche nach unten in eine Kasserolle legen. Großzügig mit Olivenöl beträufeln (ca. 3–4 EL) und knapp mit Weißwein bedecken. Auf kleiner Flamme etwa 15 Minuten dünsten. Im Sud abkühlen lassen. Aus der Hälfte des Suds, 1–2 EL Tomatenmark, ½ kleinen geriebenen Zwiebel, ½ Tasse Mayonnaise (möglichst selbstgemacht), einem Schuß Zitronensaft eine Soße bereiten, die man mit Salz und weißem Pfeffer aus der Mühle abschmeckt; nach Bedarf noch etwas von dem Sud hinzufügen.
Über die sternförmig angerichteten Fenchelknollen gießen und mit zwei grobgehackten hartgekochten Eidottern, etwa 50 g frisch geriebenem Parmesan und dem Fenchelgrün bestreuen.

Peperoni arrostiti all'olio

Paprikaschoten in Öl

Die in nördlichen Gegenden oft als schwer verdaulich geltenden Paprikaschoten bilden eine leichte, sehr natürliche, köstliche Vorspeise, wenn man sie abzieht, pikant würzt und in gutes Olivenöl einlegt.

4 große Paprikaschoten (rot, grün, gelb nach Belieben)
Salz, Pfeffer aus der Mühle
2–3 Knoblauchzehen (nach Belieben auch mehr)
1 Bund Petersilie
Olivenöl extra vergine

Den Backofen auf mittlere Hitze vorheizen. Die gewaschenen, gut abgetrockneten Paprikaschoten hineingeben und rösten, bis die Haut bräunlich wird; zwischendurch einmal wenden. Herausnehmen und nur leicht abkühlen lassen. Dann abziehen, eventuell noch leicht mit Küchenpapier nachreiben, damit keine Haut bleibt. Strunk, Rippen und Kerne entfernen. In 2–3 cm breite längliche Streifen teilen. Auf einer Platte oder in einer länglichen Schüssel anordnen. Jede Schicht mit Salz, Pfeffer, feingehacktem Knoblauch und Petersilie bestreuen. Zum Schluß reichlich mit Öl beträufeln und mindestens ein paar Stunden, besser noch einen ganzen Tag ziehen lassen. Die Paprikaschoten können einige Tage im Kühlschrank aufbewahrt werden.

● Nach Belieben kann man zusätzlich noch ein wenig Zitronensaft darübergeben.

● Ein wenig reichhaltiger wird diese Vorspeise, wenn man Sardellenfilets hinzugibt, die man in Stückchen schneidet und obenauf streut – pro Person etwa ein Filet. Falls man in Salz eingelegte Fischchen verwendet, sorgfältig waschen und Vorsicht beim Würzen mit Salz!

● Eine weitere Variation: *Peperoni con tonno.* Man geht genauso vor wie bereits beschrieben, teilt die Paprikaschoten aber jeweils nur in drei Streifen, läßt sie ca. eine Stunde in der Marinade ziehen, gießt die Marinade dann ab, hält sie aber zurück. Die Paprikaschoten leicht mit Küchenpapier abtupfen. Inzwischen etwa 200 g abgetropften Thunfisch aus der Dose zerzupfen, mit 1–2 EL abgetropften Kapern und ein wenig Marinade gut vermischen. Nun gibt man auf jeden Paprikastreifen einen Löffel voll von dieser Mischung und rollt die Streifen auf. Auf einer Platte farblich wechselnd anrichten und nach Belieben garnieren, z. B. mit Petersilie, Basilikum oder Minze und schwarzen Oliven.

Palline di spinaci piccanti
Pikante Spinatbällchen

Die Bällchen schmecken lauwarm oder kalt als Vorspeise und sehen auf einem Büfett sehr dekorativ aus. Man kann sie aber auch als Beilage zu Fleisch servieren. Der Knoblauch kann nach Belieben dosiert werden. Mag man keinen Knoblauch, verwende man statt dessen ein wenig Schalotte oder Zwiebel. Wem der Peperone zu pikant ist, der würze mit ein wenig Pfeffer.

1 kg Blattspinat
Salz
2–4 Knoblauchzehen
½–1 frischer Peperone
1 Spritzer Zitronensaft
5 EL Olivenöl
1 Zitrone zum Garnieren

Den Spinat putzen und waschen, tropfnaß in einen Topf geben und mit etwas Salz bestreuen. Zugedeckt bei mittlerer Hitze ca. fünf Minuten zusammenfallen lassen. Mit kaltem Wasser abschrecken und in einem Sieb abtropfen lassen. Den Knoblauch schälen und fein hacken, Peperone entkernen und fein wiegen, beides mit Zitrone und Öl gut vermischen. Den ausgedrückten Spinat (man kann ihn nach Belieben im ganzen belassen oder grob hakken) mit ein wenig Soße würzen, zu Bällchen formen und mit der restlichen Soße begießen. *Foto Seite 44/45.*

Cavolfiore e broccoli con le acciughe

Blumenkohl und Broccoli mit Sardellen

Dieses süditalienische Gericht ist nicht nur geschmacklich, sondern auch rein farblich besonders reizvoll, wenn man es zu gleichen Teilen aus Blumenkohl und Broccoli zubereitet. Falls man keinen sehr kleinen Blumenkohl bekommen kann, verarbeitet man beispielsweise der Rest vom Blumenkohl zur Suppe oder reicht ihn als Gemüsebeilage zum Fleisch. Man kann aber auch nur Blumenkohl oder Broccoli oder auch den hellgrünen römischen Kohl verwenden.

1 kleiner Blumenkohl und Broccoli
(geputzt etwa 600 g zu gleichen Teilen)
Salz
200 g Mozzarella
4 hartgekochte Eier, geschält
4 Sardellenfilets
1 Knoblauchzehe
1 große Handvoll möglichst nicht zu großer grüner und schwarzer Oliven
1 EL feingehackte Petersilie
Salz
1 scharfer, entkernter, feingehackter Peperone
Saft von 1 Zitrone
4 EL Olivenöl extra vergine

Blumenkohl und Broccoli putzen. Überschüssigen Blumenkohl und dicke Stiele vom Broccoli eventuell für andere Gerichte verwenden. Die kleinen Blätter vom Broccoli beiseite legen.

Die Röschen von Blumenkohl und Broccoli in wenig gesalzenem Wasser kurz garen – sie müssen fest bleiben. Ganz zum Schluß noch kurz die Blätter mitgaren.

Inzwischen den Mozzarella, die Eier und die Sardellenfilets klein hacken. Die Knoblauchzehe schälen und in dünne Scheibchen schneiden.

Das Gemüse abgießen und in eine große Schüssel geben. Sehr vorsichtig mit Käse, Eiern, Sardellen, Oliven, den Gewürzen, Zitrone und Öl vermischen. Nach Belieben erneut mit Gewürzen abschmecken und eventuell noch etwas Öl zugeben.

Das Gericht schmeckt heiß oder kalt. Befolgt man das italienische Prinzip, ißt man es im Winter warm und im Sommer kalt. *Foto linke Seite.*

Broccoletti in salsa di pomodori

Broccoli in Tomatensoße

Will man den Broccoli zusammen mit mehreren anderen Gemüsen aufs Vorspeisenbüfett bringen, dünstet man ihn nur kurz in wenig Salzwasser. Er sollte noch fest, »al dente«, sein. Niemals zu lange garen, sonst zerfallen die Köpfchen, er wird matschig und unansehnlich. Heiß oder lauwarm würzt man ihn mit ein wenig Zitronensaft, Salz, Pfeffer und Olivenöl, nach Geschmack auch mit Knoblauch und frischem Peperone. Hier eine etwas aufwendigere, aber auch farblich sehr ansprechende Version mit einer pikanten Tomatensoße, die man auch als kleine, selbständige Vorspeise servieren kann. Die Peperoni muß man nach Geschmack dosieren – man kann auch mehr verwenden; die Schärfe ist nicht zuletzt Gewohnheitssache. Der Broccoli kann in dieser Soße nach Belieben auch warm serviert werden.

600 g Broccoli, geputzt
3 Knoblauchzehen
1–2 pikante frische Peperoni (ersatzweise getrocknet)
6 reife Tomaten (ersatzweise Dosentomaten)
6 EL Olivenöl
1 Zweig Rosmarin
2 Nelken
Salz
1 Glas Weißwein
1 EL Zucker

Den Broccoli garen, wie zuvor angegeben.
Für die Soße die Knoblauchzehen schälen und zerquetschen. Die Peperoni entkernen und fein hacken. Die Tomaten kurz mit kochendem Wasser überbrühen, abziehen und klein schneiden.
Das Öl in einem Topf zusammen mit Rosmarin und Knoblauch erhitzen. Erst die Peperoni, dann die Tomaten und die Nelken hinzugeben. Aufkochen und dann offen sanft schmoren lassen, bis die Tomaten zerfallen und die Soße eindickt. Salzen, nach und nach den Wein hinzugeben, dann auch den Zucker und noch einmal einkochen lassen, bis die Soße die richtige Konsistenz hat, sie sollte relativ dick sein. Abkühlen lassen und zum Broccoli servieren.

Peperoni farciti

Gefüllte Paprikaschoten

Für eine kleine Vorspeise reicht eine halbe Paprikaschote pro Person, sonst verdoppele man die Menge.

2 gleichmäßig große Paparikaschoten
1 hartgekochtes Ei
1–2 TL Kapern
3 Sardellenfilets
40 g schwarze Oliven
40 g Parmesankäse, möglichst frisch gerieben
60 g Semmelbrösel
1 EL Petersilie, fein gehackt
1 EL frisches Basilikum, fein gehackt
Olivenöl extra vergine
Salz, Pfeffer aus der Mühle

Die Paprikaschoten halbieren und von Strunk, Rippen und Kernen befreien. Das hartgekochte Ei, die Kapern und die Sardellenfilets sehr fein hacken. Die Oliven entkernen und ebenfalls fein hacken. Mit Parmesan, Semmelbröseln und den Kräutern vermischen, mit Olivenöl beträufeln, pfeffern und salzen. Gut durchmischen und nach Bedarf noch ein wenig Semmelbrösel zufügen, falls die Mischung zu pikant geraten ist.
Die Füllung in die halbierten Schoten geben, die man in eine leicht geölte Form legt und im vorgeheizten Ofen (180 °C) etwa 30 Minuten gart. Die Schoten schmecken heiß, lauwarm oder kalt. *Foto links.*

Zucchini ripieni
Gefüllte Zucchini

Dieses Rezept stammt aus der Lombardei: Der Pfiff dabei sind die Amaretti, Mandelplätzchen, die man durch die bei uns leichter erhältlichen Makronen ersetzen kann. Die Zucchini sollten möglichst gleich groß (nicht zu groß!) sein.

4 Zucchini
Salz
50 g Amaretti
1 mittelgroße Zwiebel
Butter
1 Ei
4 EL frisch geriebener Parmesan
ein wenig feingewiegte Petersilie
Pfeffer aus der Mühle
frisch geriebene Muskatnuß

Die Zucchini waschen, den Ansatz abschneiden und einige Minuten in sprudelndem Salzwasser kochen. Herausnehmen und abkühlen lassen. Dann halbieren und so viel Fruchtfleisch herauskratzen, daß gut füllbare Schiffchen entstehen. Die Zucchinihälften mit der Öffnung nach unten auf einem Brett abtropfen lassen. Das Fruchtfleisch fein hacken, in einem Sieb kurz abtropfen lassen und in eine Schüssel geben.
Die Amaretti zerstoßen.
Die Zwiebel schälen, fein hacken und kurz in wenig Butter andünsten. Zum Zucchinifleisch geben und nun auch Amaretti, Ei, Parmesan, Petersilie hinzugeben, gut vermischen, mit den Gewürzen abschmecken.
Diese Mischung auf die Zucchinihälften verteilen und jeweils mit wenigen winzigen Butterflöckchen belegen. Die Zucchini in eine leicht gefettete Form setzen und im auf etwa 200 °C vorgeheizten Ofen ungefähr 20 Minuten garen. *Foto rechte Seite.*

● Wünscht man die Füllung etwas flüssiger, gibt man einen Löffel Sahne oder Mascarpone hinzu. Falls einem die etwas süßliche Geschmacksrichtung, die durch die Amaretti entsteht, nicht behagt, verwendet man statt dessen Semmelbrösel und geriebene Mandeln.

● *Zucchini ai tre formaggi:* Zucchini mit Mozzarella, Fontina und Parmesan. Man verwendet die Käse zu gleichen Teilen, insgesamt etwa 200 g. Mozzarella und Fontina in Würfelchen schneiden und in einem Glas Milch weichen lassen. Abtropfen lassen und in einer Schüssel mit frisch geriebenem Parmesan, dem Zucchinifleisch, einer guten Prise getrocknetem Thymian, zwei Eiern, Pfeffer und Salz vermischen. Die Zucchini damit füllen, mit Semmelbröseln bestreuen und Butterflöckchen daraufsetzen.

Zucchini a scapece
Marinierte Zucchini

Dieses neapolitanische Sommergericht schmeckt so köstlich, wie es einfach in der Zubereitung ist.
Öl- und Essigmengen anzugeben, wäre in diesem Fall unsinnig – das sollte man ein wenig im Gefühl haben, denn vor allem beim Essig hängt die Menge sehr davon ab, wie mild oder kräftig er ist. Die Minze kann man durch Basilikum ersetzen: Hauptsache, die Kräuter sind frisch.

800 g Zucchini
1 Bund frische Minze (ersatzweise Basilikum)
Olivenöl extra vergine
4 Knoblauchzehen, geschält und fein gehackt
Salz, Pfeffer
guter Weißweinessig

Die Zucchini waschen und wie eine Salami in feine Schrägscheiben schneiden. Auf Küchenpapier unter Wenden etwa eine Stunde trocknen lassen – unter der Sonne, falls die Möglichkeit besteht.
Minze oder Basilikum waschen, die Blätter abtrennen und grob zerzupfen.
Die Zucchinischeiben in reichlich Öl portionsweise von beiden Seiten goldbraun fritieren. Schicht für Schicht in eine flache Schüssel geben und jede Lage mit gehacktem Knoblauch, Minze- oder Basilikumblättern bestreuen, wenig salzen, pfeffern und großzügig mit Essig besprühen. Sie schmecken am besten, wenn man sie 24 Stunden ruhen läßt. Zumindest sollten sie abkühlen und einige Stunden gut durchziehen. Im Kühlschrank können sie ein paar Tage aufbewahrt werden.

● Nach Belieben kann man noch ein paar gehackte Sardellenfilets darüberstreuen. Wer es schärfer mag, kann statt Pfeffer auch einen entkernten und sehr fein gehackten frischen Peperone (oder fein zerriebenen getrockneten) verwenden. Achtung: Bei der Zubereitung von Peperone verwendet man am besten Gummihandschuhe – er brennt teuflisch an den Händen, wenn man auch nur eine kleine Schramme hat, und wehe, man kommt mit der Hand ans Auge!

Pomodori ripieni alla sarda
Gefüllte Tomaten auf sardische Art

Dieses Rezept ist als Vorspeise für vier Personen gedacht. Für ein Partybüfett kann man aber mit der unten angegebenen Menge 8 bis 10 mittelgroße Tomaten füllen. Man halbiert sie in diesem Fall nicht, sondern schneidet nur eine Kappe ab.

4 große, reife, aber feste Fleischtomaten
1 Tasse körnig gekochter Reis
1 Tasse vorgegarte Krabben
4 Sardellenfilets
1 Handvoll grüne Oliven
1 Bund Petersilie
Saft von ½ Zitrone
2 EL Olivenöl
Salz, Pfeffer aus der Mühle (auch Cayennepfeffer)
4 EL Mayonnaise (möglichst selbstgemacht)
einige Salatblätter zum Anrichten

Die Tomaten waschen, trocknen, in der Mitte durchschneiden und aushöhlen. Die Tomatenhälften mit der Öffnung nach unten auf einem Brett oder in einem Sieb abtropfen lassen. Das Fruchtfleisch ebenfalls abtropfen lassen, klein hacken und in eine Schüssel geben. Reis und Krabben hinzufügen.
Die Sardellenfilets fein hacken. Oliven entkernen und ebenfalls fein hacken. Petersilie fein wiegen. Alles in die Schüssel geben. Zitronensaft und Olivenöl untermischen, mit Pfeffer und Salz (nach Belieben noch pikanter mit Cayennepfeffer) ab-

schmecken. Die Tomatenhälften damit füllen und jeweils ein wenig Mayonnaise obenauf setzen.
Die vorher gut gewaschenen Salatblätter (reizvoll, wenn man eine etwas ausgefallene grüne Salatsorte wie z. B. Kräuselendivie oder Lattuga romana wählt) auf einer Platte anordnen und die Tomaten daraufsetzen. Vor Verzehr einige Stunden in den Kühlschrank stellen.

● Von den weiteren zahllosen Möglichkeiten, Tomaten zu füllen, hier noch eine andere: *Pomodori al pane* – in diesem Fall werden die Tomaten kurz im Ofen überbacken, aber sie schmecken auch zimmerwarm sehr gut, und man kann sie sowohl als Vorspeise wie als Beilage reichen. Man gehe vor wie am Anfang des Rezeptes beschrieben und vermische die Hälfte des abgetropften Fruchtfleisches mit einer kleinen, feingehackten Zwiebel, zwei durchgepreßten Knoblauchzehen, 50 g Semmelbröseln, 50 g geputzten, feingehackten Champignons, ein wenig feingewiegter Petersilie (nach Möglichkeit auch ein wenig frischem Basilikum). Gut vermischen und mit einer Prise Zucker, Pfeffer und Salz abschmecken. Die Mischung wird noch pikanter, wenn man 2–4 feingehackte Sardellenfilets und 1–2 TL feingehackte Kapern dazugibt. Die Tomaten damit füllen und in eine eingefettete Auflaufform setzen. Ein wenig Öl darüberträufeln und jeweils eine schwarze Olive obenauf setzen. Im mäßig heißen Backofen (etwa 180 °C) ungefähr 20 Minuten garen – sie dürfen nicht zu weich werden, lieber vorher einmal nachschauen.
Eine weitere Variation: Man fügt der Mischung (ohne Kapern und Sardellen) noch 50 g frisch geriebenen Parmesan oder Pecorino (Schafskäse) bei.
Auf diese Weise kann man auch Zucchini oder Paprikaschoten füllen.

Pomodori e zucchini al forno
Tomaten-Zucchini-Vorspeise

350 g feste, reife Tomaten
2 mittelgroße Zucchini
2 Scheiben Toastbrot, 40 g Butter
2 große dünne Scheiben Fontina-Käse (ca. 60 g)
Olivenöl extra vergine
Salz, Pfeffer aus der Mühle
Origano, fein zerrieben
3 gehäufte EL Semmelbrösel

Die Tomaten kurz in kochendes Wasser tauchen und abziehen. Die eine Hälfte in Achtel schneiden, die andere in dünne Scheiben. Die Zucchini putzen, waschen, trocknen und einmal durchschneiden, dann in etwa ½ cm dicke Längsstifte teilen.
Die Weißbrotscheiben diagonal teilen, so daß sich vier Dreiecke ergeben. In 20 g Butter von beiden Seiten goldbraun rösten. Die Käsescheiben auf die gleiche Größe schneiden und auf die Brotdreiecke legen.
Den Boden einer Form mit Olivenöl bestreichen. Abwechselnd Tomatenachtel, Zucchinistifte und Brotdreiecke darin anordnen. Mit den Tomatenscheiben bedecken. Salzen, pfeffern und mit Origano überstreuen. Mit etwas Olivenöl beträufeln und mit Semmelbröseln bestreuen. Die restliche Butter in Flöckchen daraufsetzen.
Die Form mit Alufolie abdecken und in den auf etwa 190 °C vorgeheizten Ofen schieben. Nach 20 Minuten die Folie abnehmen und noch weitere 40 Minuten im Ofen lassen.

Ripieni all'antica

Gefülllte Gemüse auf traditionelle Art

Dies ist ein typisches Rezept der ligurischen Riviera. Viele Feinkostläden dort bieten solche gefüllten Gemüse – nach Jahreszeit variierend – bereits fertig zubereitet an, kalt natürlich. Sie schmecken auch lauwarm sehr gut, heiß ißt man sie selten. Für ein Vorspeisenbüfett eignen sie sich hervorragend, weil sie vielerlei Variationsmöglichkeiten bieten und man sie gleich in der Form servieren kann. Nutzt man alle angegebenen Möglichkeiten, kann man für eine große Party ein ganzes großes Backblech damit auslegen.
Die Menge der Füllung hängt natürlich sehr von der Größe der Früchte ab, das muß man selbst ein wenig ausprobieren. Doch kommt man z. B. mit einem Tütchen Steinpilze schon sehr weit. In jedem Fall sollte man Paprikaschoten, Auberginen und Zucchini möglichst klein wählen. Zucchini- oder Kürbisblüten füllt man in vielen italienischen Regionen auf diese oder andere Weise. Da sie bei uns nicht leicht erhältlich sind (man bestelle sie beim Gemüsegärtner!), belasse ich es bei diesem Rezept. In jedem Fall müssen sie frisch, unbeschädigt und noch leicht geschlossen sein.

Früchte nach Belieben: Paprikaschoten, Auberginen, Zucchini, Tomaten, Zwiebeln, Zucchini- oder Kürbisblüten

Füllung:
getrocknete Steinpilze
altbackenes Weißbrot ohne Rinde
Milch
1 Ei oder mehrere Eier im ganzen
frischer Knoblauch, gepreßt oder sehr fein gehackt
Salz, Pfeffer aus der Mühle
Olivenöl extra vergine

Es hängt von der Größe der Früchte ab, wie man vorgeht. Paprikaschoten, Tomaten und Zucchiniblüten gare man nicht vor.
Die festeren Gemüse wie Auberginen, Zucchini und Zwiebeln putzen; größere Auberginen und Zucchini in der Mitte durchteilen, kleine im ganzen belassen, Zwiebeln schälen. In leicht gesalzenes kochendes Wasser geben und halbgar blanchieren. Herausnehmen und gut abtropfen lassen.
Große Paprikaschoten halbieren, Stielansatz, Rippen und Kerne entfernen. Bei kleinen Schoten nur den Stielansatz entfernen und sie innen ausputzen. Die Zucchiniblüten am Stiel anfassen und vorsichtig waschen – am besten in einer Schüssel. Auf Küchenpapier abtropfen lassen. Zum Füllen den Stiel vorsichtig ablösen, nach dem Füllen die Blätter gut zusammendrücken.
Inzwischen die Füllung vorbereiten. Die Pilze in wenig lauwarmem Wasser einweichen, das Weißbrot in Milch. Die geweichten Pilze sorgfäl-

tig abspülen, abtropfen lassen, fein hacken und in eine Schüssel geben. Das Weißbrot gut ausdrücken, möglichst fein zerzupfen und hinzufügen.
Auberginen- und Zucchinihälften vorsichtig aushöhlen. Bei kleinen Auberginen tut man das vom Stielansatz her, bei kleinen Zucchini schneidet man zuvor längs eine Schicht Schale ab. Bei den Zwiebeln rundum etwa zwei bis drei Häute stehenlassen. Große Tomaten halbieren und aushöhlen; bei kleinen schneidet man eine Kappe ab und höhlt sie aus.
Das Fruchtfleisch in einem Sieb abtropfen lassen und fein hacken. Man kann in der Regel nicht alles verwenden, deshalb gebe man nur etwa die Hälfte oder Dreiviertel davon zu Pilzen und Weißbrot, nach Bedarf weiteres hinzufügen. Ein oder zwei Eier, frischen Knoblauch in beliebiger Menge hinzugeben, mit einem Holzlöffel kräftig durchrühren, mit Salz und Pfeffer abschmecken. Die Mischung sollte geschmeidig, aber nicht zu dünn sein – sollte das passieren, gebe man noch ein wenig Semmelbrösel hinzu. Die Gemüse füllen und in eine mit Olivenöl ausgestrichene Form setzen. Im auf mittlere Hitze (etwa 200°C) vorgeheizten Ofen ungefähr 30 Minuten garen. *Foto Seite 62.*

● Genausogut schmeckt eine Kartoffelfülle, ein traditionelles Rezept aus der Pigna, der Altstadt von San Remo. Auf ca. 750g Gemüse rechnet man etwa 1kg mehlige Kartoffeln, da man in diesem Fall vom Fruchtfleisch, wenn überhaupt, nur wenig hinzugibt. Die Kartoffeln kochen, durch die Presse drücken, mit viel gehacktem Basilikum (ca. 150g), 2 durchgepreßten Knoblauchzehen, 100g frisch geriebenem Parmesan, 4 Eiern, 3 großzügigen EL Olivenöl extra vergine, Pfeffer, Salz und fein zerriebenem Origano vermischen. Im übrigen so vorgehen wie beschrieben. Auch in diesem Fall kann man die Gemüse nach Belieben warm oder kalt servieren.

Melanzane a scapece
Marinierte Auberginen

800g Auberginen
Olivenöl
2 Knoblauchzehen
½ pikanter Peperone (nach Belieben)
½ Glas guter Weinessig
frischer Origano (ersatzweise getrocknet) oder ein paar Zweige frische Minze
Salz

Die Auberginen putzen, waschen und in Scheiben schneiden. In reichlich heißem Olivenöl schwimmend von beiden Seiten goldbraun, aber nicht dunkel werden lassen. Herausheben und in eine Schüssel geben.
Inzwischen den Knoblauch und den Peperone fein hacken und mit dem Essig und den Origano- oder Minzeblättchen und Salz (nach Belieben auch Pfeffer) zu einer Soße verrühren und über die Auberginenscheiben geben, bevor sie erkaltet sind.
Mindestens 10 Stunden ziehen lassen, bevor man sie auf den Tisch bringt. Sie halten sich auch ein paar Tage. *Foto rechte Seite.*

Parmigiana di melanzane

Überbackene Auberginen

Dieser Auberginenauflauf ist eine klassische neapolitanische Spezialität, die in mehreren Variationen existiert und die man in Abwandlungen auch in anderen süditalienischen Regionen wie Apulien oder Sizilien findet. Die Parmigiana schmeckt heiß, aber ebenso lauwarm oder kalt und kann als Vorspeise wie als Hauptgericht gegessen werden. Sie eignet sich deshalb sehr gut auch fürs kalte Büfett.

800g Auberginen
Salz
800g Tomaten (1 große Dose)
Olivenöl extra vergine
1 kleine Zwiebel, geschält und fein gehackt
1 Bund Basilikum
1 Lorbeerblatt
1 Prise Zucker
1 geschälte Knoblauchzehe (nach Belieben)
Salz, Pfeffer aus der Mühle
2 Mozzarella-Käse (ca. 250g)
100g Parmesan, frisch gerieben
2 Eier

Die Auberginen waschen, die Stiele abschneiden und in Längsscheiben teilen. Mit Salz bestreuen und möglichst mit einem Gewicht beschwert etwa eine Stunde ruhen lassen, damit die bittere Flüssigkeit austritt.
Inzwischen die Tomaten abtropfen lassen. Etwa 2 EL Öl erhitzen, die Zwiebel hineingeben, dann die Tomaten, die Hälfte der Basilikumblätter (klein gehackt), das Lorbeerblatt und eine Prise Zucker hinzugeben, nach Belieben auch die Knoblauchzehe. Die Tomaten leicht mit der Gabel zerzupfen. Auf kleiner Flamme etwa 20 Minuten zu einer dicken Soße einkochen lassen. Zum Schluß mit Pfeffer und Salz kräftig abschmecken.
Die Auberginen waschen, gut ausdrücken und mit Küchenpapier trocknen. Reichlich Öl erhitzen (statt Olivenöl kann man auch gutes anderes Pflanzenöl verwenden) und die Auberginenscheiben darin auf beiden Seiten goldgelb fritieren. Auf Küchenpapier abtropfen lassen. Den Mozzarella in Würfelchen oder dünne Scheiben schneiden. Die restlichen Basilikumblättchen abzupfen und grob hacken.
In eine feuerfeste Form zuerst ein wenig Soße geben, eine Schicht Auberginenscheiben darüber verteilen, mit Mozzarella, Parmesankäse und Basilikum bestreuen, Tomatensoße darübergeben, dann wieder Auberginen usw., bis alle Zutaten aufgebraucht sind. Für die letzte Schicht sollte noch genügend Tomatensoße übrigbleiben, die man mit den zwei rohen Eiern und dem verbliebenen Parmesan (möglichst auch noch ein wenig Basilikum) verquirlt. Für etwa 20 Minuten in den auf mittlere Hitze (etwa 200°C) vorgeheizten Ofen geben. *Foto rechts.*

● Man kann auf die gleiche Weise eine *Parmigiana* aus Zucchini bereiten.

● Noch gehaltvoller wird das Gericht, wenn man die Auberginenscheiben vor dem Fritieren kurz in Mehl und dann in geschlagenem Ei wendet.

● Eine weitere Variation: Statt Tomatensoße verwendet man *Ragù* (Fleisch-Tomaten-Soße, wie man sie für Spaghetti zubereitet).

Sformato di verza
Wirsing-Soufflé

Diese winterliche Vorspeise ißt man heiß aus dem Ofen, man kann sie aber auch lauwarm zusammen mit anderen Antipasti servieren. Als Einzelvorspeise reicht die Menge für sechs Personen; für vier Personen kann man sie auch als Hauptgericht reichen, zumal, wenn man noch eine Käsesoße dazu serviert.

1 mittelgroßer Wirsing
1 Zwiebel
2 Lorbeerblätter
2 EL Olivenöl
20 g Butter
Salz, Pfeffer aus der Mühle
6 Eier
1 großes Bund Basilikum (ersatzweise Petersilie)
200 g Sahne (möglichst Crème double)
100 g frisch geriebener Parmesan
Semmelbrösel für die Form

Den Wirsing von Strunk und äußeren Blättern befreien, halbieren und nicht zu grob schneiden. Die Zwiebel schälen und klein hacken. Kohl und Zwiebel zusammen mit den Lorbeerblättern in Butter und Öl andünsten (eventuell noch etwas Fett zugeben, das hängt von der Größe des Wirsings ab). Pfeffern, salzen und auf kleiner Flamme etwa 15 Minuten leise schmoren lassen.
Inzwischen die Eier trennen und das Eiweiß steif schlagen.
Die Lorbeerblätter herausnehmen und den Wirsing zusammen mit den abgezupften Basilikumblättern und der Sahne im Mixer pürieren. Abkühlen lassen. Sodann die Eigelb sowie den Käse untermischen und zum Schluß vorsichtig das steif geschlagene Eiweiß unterziehen.
Eine rechteckige feuerfeste Form buttern und mit Semmelbröseln ausstreuen.
Die Kohlmasse hineinfüllen.
Den Ofen auf mittlere Hitze (190–200 °C) vorheizen. Die Form mit dem Sformato in eine größere, mit warmem Wasser gefüllte Kasserolle setzen, in den Ofen schieben und so im Wasserbad 45 Minuten im Ofen garen.
Ein paar Minuten abkühlen lassen, dann auf eine Servierplatte stürzen und aufschneiden. Nach Belieben serviert man eine Käsesoße dazu (s. z. B. *Fonduta, Seite 36*).

Asparagi in salsa tartara
Spargel in würziger Soße

Man kann dieses Gericht als Vorspeise oder als Hauptgericht servieren. Ich berechne die Zutaten hier für eine Vorspeise für vier Personen. In Italien findet man in der Regel nur den grünen Spargel, man kann dieses Gericht aber auch mit weißem Spargel zubereiten. Sehr zarter grüner Spargel muß nicht geschält werden, man schneidet nur unten zwei Fingerbreit ab. Ist er dicker, härter und eventuell nicht mehr ganz frisch, schält man zumindest die untere Hälfte leicht ab.

500 g Spargel
Salz
2 hartgekochte Eidotter
1 frischer Eidotter
1 TL pikanter Senf
1 TL guter Weißweinessig
weißer Pfeffer aus der Mühle
1 Glas Olivenöl extra vergine
1 TL Kapern, fein gehackt
ein wenig feingehackte Petersilie

Den Spargel soweit nötig schälen, die holzigen Stellen abschneiden, zusammenbinden. Aufrecht in einen hohen schmalen Topf mit kaltem Salzwasser setzen. Die zarten Spitzen sollen auf jeden Fall herausragen und nur im Dampf gegart werden. Auf mittlerer Flamme zugedeckt, aber mit leicht geöffnetem Deckel, 10–20 Minuten kochen (die Garzeit hängt davon ab, wie dick oder dünn der Spargel ist). Wenn die Spitzen sich biegen, ist der Spar-

gel gar. Behutsam aus dem Wasser nehmen, abtropfen und abkühlen lassen.
Während der Spargel gart, bereitet man die Soße vor. Die hartgekochten Eidotter in eine Schüssel geben und mit der Gabel zerdrücken. Mit dem rohen Eidotter, Senf und Essig zu einer geschmeidigen Paste verrühren. Salz und reichlich Pfeffer hinzugeben. Sodann wie bei der Zubereitung einer Mayonnaise langsam das Öl hineinlaufen lassen und dabei kräftig schlagen. Sobald die Soße die gewünschte Konsistenz hat, mischt man Kapern und Petersilie unter.
Den Spargel auf eine längliche Platte geben und die Soße darübergießen.

● Man kann die Soße selbstverständlich auf die gleiche Weise im Mixer zubereiten – ich tu's lieber mit der Hand, weil es fast genauso schnell geht und ich die Konsistenz besser überprüfen kann.
Wünscht man sich eine leichtere Soße, läßt man die Kapern weg. Selbstverständlich kann man statt Essig Zitronensaft verwenden. Nach Belieben schneidet man den rohen Spargel vor dem Garen gleich in mundgerechte Stücke.

● *Asparagi al basilico:* Köstlich schmeckt Spargel auch, ebenso zubereitet, in einer einfachen Vinaigrette aus 1–2 TL Aceto balsamico (Balsamessig), 5–6 EL gutem Olivenöl extra vergine, ein wenig Spargelwasser, Pfeffer, Salz und einer kleinen Prise Zucker. Kleingehackte Blätter von einem dicken Büschel Basilikum dazugeben und nach Belieben mit einer Handvoll Krabben aus der Dose und/oder hartgekochtem gehackten Ei bestreuen.
Statt Krabben und/oder Ei kann man 50 g Bresaola (luftgetrocknetes Rindfleisch), rohen Schinken oder feingeschnittenen Räucherlachs dazu servieren.

Fagiolini alla menta
Grüne Bohnen mit Minze

800 g junge grüne Bohnen (tiefgekühlt 600 g)
1 Bund Petersilie
ein paar Zweige frische Minze
1 TL scharfer Senf
1 Gläschen Olivenöl extra vergine
Salz, Pfeffer aus der Mühle
1 Spritzer Zitrone oder Essig nach Belieben
einige Minzeblättchen zum Garnieren

Die Bohnen putzen, waschen und in sprudelndes Salzwasser geben – nur so viel Wasser, daß sie gerade bedeckt sind. Etwa 20 Minuten auf kleiner Flamme garen (bei tiefgefrorenen Bohnen reichen in der Regel 10 Minuten). Abgießen, leicht abkühlen lassen und indessen die Soße zubereiten. Die gewaschenen und getrockneten Petersilien- und Minzeblättchen zusammen mit dem Senf, Öl, Salz und einer kräftigen Prise Pfeffer in den Mixer geben. Falls man ein wenig Säure wünscht (in Italien geht man mit Essig eher vorsichtig um), gibt man zuerst Zitrone oder Essig hinein und erst dann das Öl. Die Soße über die Bohnen gießen und vorsichtig mischen. Zum Schluß ein paar frische Minzeblätter darüberstreuen. Nach Möglichkeit noch lauwarm servieren.

Sformato di spinaci
Spinat-Soufflé

300 g Blattspinat
30 g Butter
1 Zwiebel
3 EL Crème fraîche
Salz, Pfeffer aus der Mühle
ein wenig frisch geriebene Muskatnuß
ein wenig abgeriebene Zitronenschale
1 EL Olivenöl extra vergine
3 Eier
2 EL Mehl
2 EL Parmesan, frisch gerieben

Den Spinat waschen und verlesen. Die Butter zerlassen und die geschälte, feingehackte Zwiebel darin glasig werden lassen. Den Spinat tropfnaß zugeben, den Topf zudekken und den Spinat zusammenfallen lassen. Die Crème fraîche zugeben und weitere fünf Minuten kräftig einkochen lassen. Mit Pfeffer, Salz, Muskat und Zitronenschale würzen. Das Olivenöl zugeben und pürieren. Die Eier trennen. Das Eigelb unter die Spinatmasse rühren, das Eiweiß sehr steif schlagen und vorsichtig unterheben.
Eine mittelgroße feuerfeste Form oder vier kleine Formen mit Mehl ausstreuen und die Spinatmasse hineinfüllen. Parmesan darübergeben und im vorgeheizten Ofen bei mittlerer Hitze (ca. 200 °C) etwa 15 Minuten backen.

Involtini di cavolo bianco
Weißkohlröllchen

Diese winterliche Vorspeise, die man lauwarm serviert, eignet sich auch als Beilage zu Fleischgerichten. Man rechne pro Person etwa vier Röllchen.

1 kleiner Weißkohlkopf
Salz, Pfeffer aus der Mühle
150 g Parmesan, frisch gerieben
1 Bund frischer Thymian (ersatzweise getrocknet)
4 Knoblauchzehen
8 EL Olivenöl
1 Zweig Rosmarin (ersatzweise getrocknet)
1 Glas Weißwein

Den Kohl waschen, von unansehnlichen Blättern befreien und den Strunk keilförmig herausschneiden. Etwa 10 Minuten in leicht gesalzenem, sanft kochendem Wasser garen. Herausnehmen und die Blätter, die sich gut lösen, abziehen. Den restlichen Kohlkopf eventuell noch weitergaren, bis man genügend Blätter ablösen kann.
Die Blätter auf der Arbeitsfläche auslegen und die Mittelrippen etwas flach klopfen. Leicht salzen und pfeffern. Die Hälfte des Parmesans und die Thymianblättchen auf den Blättern verteilen. Die Blätter seitlich einschlagen und dann einrollen.
Die Knoblauchzehen schälen und in Scheibchen schneiden. In zwei Pfannen Olivenöl geben und mäßig erhitzen. Die Knoblauchzehen auf die beiden Pfannen verteilen, leicht darin andünsten und wieder herausnehmen. Die Röllchen auf die Pfannen verteilen, mit Knoblauch und Rosmarin bestreuen. Den Wein ebenfalls auf die Pfannen verteilen und die Kohlröllchen etwa 20 Minuten darin dünsten; nach der halben Garzeit vorsichtig wenden. Auf einer großen Platte anrichten und den Wein darübergießen. Mit dem restlichen Parmesan bestreuen oder ihn nach Belieben auch getrennt servieren.
Die Kohlröllchen schmecken heiß oder lauwarm. *Foto rechte Seite.*

Crema di fagioli
Sieneser Bohnencreme

Wie so viele italienische Gemüsegerichte ißt man diese Creme als Vorspeise im Winter heiß und im Sommer kalt – in jedem Fall macht sie sich auch gut in kleinen Schälchen auf einem kalten Büfett. In der Toskana verwendet man getrocknete weiße Cannellini, man kann aber auch andere getrocknete weiße Bohnen oder eine entsprechend größere Menge aus der Dose verwenden, falls man sich die Einweichzeit sparen will. Die Bohnen sind natürlich ein Muß, aber die anderen Gemüse und Kräuter kann man leicht variieren – auch in der Toskana existieren dazu unterschiedliche Rezepte.

1 Tasse weiße Bohnenkerne (ersatzweise 1 große Dose)
1 Zwiebel
1 Knoblauchzehe
2 Stangen Bleichsellerie
2 mittelgroße Karotten
1 Stange Lauch
200 g Wirsing (ersatzweise Weißkohl)
1 Tomate (oder 2 EL passata di pomodori)
2–3 EL Olivenöl extra vergine
jeweils ein paar Stengel Petersilie, Basilikum und Minze (oder auch nur Rosmarin und Thymian)
1 Schinkenknochen (oder 100 g kleingehackter roher Schinken)
etwa 4 Tassen leichte Fleischbrühe (auch Würfel)
Salz, Pfeffer aus der Mühle
einige Scheiben helles Bauernbrot

Die Bohnen über Nacht in kaltem Wasser einweichen. Am nächsten Tag abgießen. Zwiebel und Knoblauch schälen und klein hacken. Das übrige Gemüse waschen, putzen und in kleine Stücke schneiden.
Das Öl erhitzen, Zwiebel und Knoblauch darin goldbraun andünsten. Nun gibt man alle anderen Gemüse, die Kräuter und den Schinkenknochen hinzu (verwendet man Schinken, dünstet man ihn zuvor mit Zwiebel und Knoblauch an) und gießt mit der Brühe auf. Sollte das Gemüse nicht ganz bedeckt sein, gibt man noch entsprechend Wasser hinzu. Mit Salz und Pfeffer würzen. Etwa 1½ Stunden kochen lassen oder bis die Bohnen gar sind.
Nun nimmt man den Schinkenknochen und einen Schöpflöffel voll Bohnen heraus, die man beiseite stellt. Die Suppe pürieren und die Bohnenkerne wieder hineingeben. Noch einmal mit Gewürzen abschmecken und 10 Minuten durchziehen lassen.
Inzwischen pro Person eine Scheibe helles Bauernbrot im Ofen anrösten und Suppentassen vorwärmen. In jede Tasse eine Scheibe Brot legen, die Suppe darüberschöpfen und in jede Tasse noch ein paar Tropfen Olivenöl geben. *Foto linke Seite.*

- Man kann zum Schluß auf jede Tasse noch ein frisches (oder vorgeweichtes getrocknetes) Lorbeerblatt geben.

- Statt Fleischbrühe kann auch nur Wasser verwendet werden, da sich nach der langen Kochzeit eine gute Gemüsebrühe ergibt und auch der Knochen Würze verleiht.

Cipolle ripiene alla piemontese

Gefüllte Zwiebeln auf Piemonteser Art

In der Regel wird man für eine solche Vorspeise im kleinen Kreis relativ große Zwiebeln verwenden (zum Beispiel die milden weißen Gemüsezwiebeln, die aber nur zeitweise erhältlich sind) und eine pro Person servieren. Da diese Zwiebeln aber auch kalt (besser lauwarm) sehr gut schmecken, eignen sie sich ebensogut für ein Partybüfett. Deshalb verwende ich hier mittelgroße, ganz normale Zwiebeln und rechne zwei pro Person (für ein Büfett muß man natürlich selbst die Kalkulation aufstellen).
Man kann die Zwiebeln einfach schälen und in sprudelndem Salzwasser halbgar blanchieren; die Zeit hängt allerdings sehr von der Größe ab.
Ich mache es anders, gare die geschälten Zwiebeln in Alufolie verpackt im Backofen vor. Das macht kaum Arbeit, und die Zwiebeln bleiben aromatischer.

8 mittelgroße Zwiebeln
ca. 100g Parmesan, frisch gerieben
1 Ei
2 EL weiche Butter
4 EL Grappa oder Cognac (nach Belieben auch etwas mehr)
1 feingehackte Knoblauchzehe (nach Belieben)
1 EL feingehackte Petersilie
Salz, Pfeffer aus der Mühle
Butter für die Form

Die Zwiebeln so schälen, daß später, wenn man sie aushöhlt, ein fester Boden erhalten bleibt. Einzeln in Alufolie wickeln und in den auf mittlere Hitze vorgeheizten Ofen legen. Nach 15–20 Minuten (je nach Größe) herausnehmen. Auswickeln und etwas abkühlen lassen. Sodann eine kleine Kappe abschneiden und möglichst viel vom Fruchtfleisch herauslösen, doch sollten mindestens zwei Zwiebelhäute erhalten bleiben. Das Fruchtfleisch möglichst fein hacken. Mehr als zwei Drittel kann man kaum verbrauchen, den Rest verwende man anderweitig. Mit den übrigen Zutaten vermischen und vor allem mit Pfeffer kräftig abschmecken.
Eine feuerfeste Form leicht ausbuttern und die Zwiebeln hineinsetzen. Bei mittlerer Hitze etwa 15 Minuten im Backofen garen – je nach Größe etwas länger. *Foto rechte Seite.*

● Möchte man eine goldbraune Kruste, bestreicht man die Oberflächen mit geschlagenem Ei und streut ein wenig Semmelbrösel darüber. Man kann die Füllung nach Belieben auch mit angebratenem Hackfleisch oder mit feingehacktem rohen oder gekochten Schinken, pikanter Salami oder Mortadella anreichern. Dann jeweils abschmekken, bevor man pfeffert und salzt.

● *Cipolle ai funghi:* Wunderbar schmeckt auch eine Fülle, die man zu gleichen Teilen aus feingehackten frischen Steinpilzen (oder Champignons oder Austernpilzen), Würfelchen von rohem oder gekochtem Schinken und gewürfeltem Fontina (oder Gruyère) bereitet. Mit dem Zwiebelfleisch und ein wenig feingehackter Petersilie vermischen, salzen und pfeffern, mit Semmelbröseln bestreuen, Butterflöckchen daraufsetzen. Möchte man das Gericht noch gehaltvoller machen, hackt man drei große Zwiebeln klein, dünstet sie in Butter und einem Gläschen Wein weich und gießt mit Crème fraîche auf, erhitzt noch einmal kurz und setzt die gefüllten Zwiebeln auf dieses Zwiebelmus.

Cipolline all'uva
Schalotten mit Rosinen

Diese pikant gegarten Zwiebelchen schmecken als Beilage zu Fleisch oder als eines von mehreren Gemüsen auf dem kalten Büfett.

400 g Schalotten
40 g Butter
1 EL Zucker
1 EL Balsamessig
1 Glas Weißwein
1 TL Pfefferkörner
1 EL Sultaninen

Die Zwiebeln schälen, das geht leichter unter fließendem Wasser. In Butter leicht rundum Farbe nehmen lassen, den Zucker darüberstreuen, gut darin wenden und den Essig hinzugeben. Wieder wenden und dann den Wein, die Pfefferkörner und die Sultaninen hinzugeben. Zugedeckt etwa 30 Minuten köcheln und im Sud erkalten lassen.

Bietola alla genovese
Mangold auf Genueser Art

In Ligurien verwendet man für dieses Gericht ganz jungen Mangold *(erbette)* oder Spinat, man kann aber sehr gut auch den großen, breitstieligen Mangold nehmen und die Stiele feingeschnitten untermischen oder anderweitig verwenden – siehe am Schluß des Rezeptes. Für ein Partybüfett ergeben sich so gleich zwei Gerichte.

1 kg junger Mangold (oder Spinat)
50 g Sultaninen
1 Zwiebel
1–2 Knoblauchzehen
4 EL Olivenöl extra vergine
50 g Pinienkerne
Salz

dazu:
Weißbrot, Butter, Knoblauch

Den Mangold sorgfältig waschen, Stiele zurückschneiden, welke Blätter fortwerfen. Beim breitstieligen Mangold entfernt man die Stiele und stellt sie beiseite. In sprudelnd kochendem Salzwasser ein paar Minuten zusammenfallen lassen. Gut abtropfen lassen, gründlich ausdrücken. Sehr junge Blätter kann man im ganzen lassen (nach Belieben aber auch in Streifen schneiden), den großblättrigen Mangold muß man in jedem Fall zerkleinern.
Die Sultaninen 10 Minuten in warmem Wasser einweichen, dann abgießen und leicht trocken tupfen.
Zwiebel und Knoblauch schälen, fein hacken und im Öl andünsten. Mangold, Sultaninen und Pinienkerne hinzugeben, leicht durchmischen, salzen und auf kleiner Flamme zugedeckt etwa 10 Minuten garen. Schmeckt heiß ebensogut wie lauwarm.
Besonders köstlich dazu: Knoblauch-Crostini. Weißbrotdreiecke von beiden Seiten in Butter anrösten und leicht mit durchgepreßtem Knoblauch bestreichen. *Foto Seite 44/45.*

● Mag man's noch pikanter und möchte dem leicht süßlichen Geschmack entgegensteuern, gibt man ein paar kleingehackte Sardellenfilets hinzu.

● Man kann die Sultaninen auch weglassen. Oder man bereitet den Mangold auf die gleiche Weise zu, läßt Sultaninen und Pinienkerne fort und würzt nur mit ein wenig Zitrone, einem Hauch Muskatnuß und frisch gemahlenem Pfeffer.

● Die Mangoldstiele kann man in wenig leicht gesalzenem Wasser, dem man einen Schuß Zitronensaft und ein Gläschen Weißwein zugibt, etwa 20 Minuten auf mittelstarker Flamme garen. Mit einer Marinade aus wenig gutem Weißweinessig, Olivenöl extra vergine, einer durchgepreßten Knoblauchzehe, Salz und Pfeffer aus der Mühle übergießen. Leicht durchmischen und mit grob gezupfter Petersilie überstreuen. Man kann die Mangoldstiele auch füllen, durch einen leichten Teig ziehen und ausbacken oder im Ofen gratinieren.

Funghi gratinati

Pilze gratiniert

Man nehme Champignons (oder andere Pilze nach Möglichkeit und Belieben) mit möglichst großen Kappen und rechne pro Person je nach Größe etwa vier Stück (oder auch mehr – das hängt vom Appetit ab).

16 große Champignons
2 gepreßte Knoblauchzehen
4–6 EL Semmelbrösel
2 gehäufte EL Pecorino (Schafskäse; ersatzweise Parmesan), möglichst frisch gerieben
4 feingehackte Sardellenfilets (oder 1 EL Sardellenpaste)
2 EL Petersilie, fein gehackt
Olivenöl extra vergine
Salz, schwarzer Pfeffer aus der Mühle

Die Stielenden abschneiden und die Pilze sehr sorgfältig mit Küchenpapier abreiben – möglichst nicht waschen. Die Stiele vorsichtig herausdrehen. Drei oder vier Pilzstiele fein hacken und in eine kleine Schüssel geben. Den Rest legt man beiseite und verwendet ihn für ein anderes Gericht – beispielsweise kann man eine kleine Frittata daraus bereiten (s. S. 30/33). Die Köpfe eventuell vorsichtig noch ein wenig ausschaben, um die Öffnung zu vergrößern, und das Ausgeschabte zu den gehackten Stielen geben. Nun mischt man Knoblauch, Semmelbrösel, Käse, Sardellen und Petersilie unter und gibt nach und nach ein wenig Olivenöl hinzu. Die Zutaten sollen sich gut vermischen, aber die Füllung sollte relativ trocken bleiben. Falls sie zu feucht gerät oder man das Gefühl hat, sie könnte nicht ausreichen, fügt man noch ein wenig Semmelbrösel oder einen weiteren kleingehackten Stiel hinzu. Mit Salz und Pfeffer abschmecken und in die Pilze füllen.
Eine quadratische Form großzügig mit Alufolie auslegen und die Pilze hineinsetzen. Etwa 20 Minuten im auf mittlere Hitze (ca. 200 °C) vorgeheizten Ofen garen.
Die Pilze schmecken heiß ebensogut wie kalt.

Funghi al gorgonzola

Pilze mit Gorgonzolacreme

Dieses Rezept kann man mit Zuchtpilzen wie Austernpilzen oder Egerlingen bereiten, aber natürlich ebensogut mit Steinpilzen oder Pfifferlingen.

500 g Austernpilze
1 Bund Petersilie
2 Knoblauchzehen
3 EL Olivenöl extra vergine
Salz, Pfeffer aus der Mühle
200 g Sahnegorgonzola
4 EL Sahne

Die Pilze sorgfältig mit Küchenpapier abreiben, eventuell noch ganz kurz unter kaltem Wasser abbrausen und trocken tupfen. In Scheiben schneiden.
Die Petersilienblättchen abzupfen und fein hacken. Den Knoblauch schälen und fein hacken. Knoblauch und die Hälfte der Petersilie mit Öl, Pfeffer und Salz vermischen. Die Pilze in der Mischung wenden und 15 Minuten zugedeckt ziehen lassen. Den Käse mit der Sahne verkneten und die restliche Petersilie unterziehen. Die Pilze auf vier feuerfeste Schälchen verteilen und die Käsecreme darübergeben. Im auf mittlere Hitze (ca. 200 °C) vorgeheizten Ofen oder unter dem Grill etwa 8 bis 10 Minuten überbacken. *Foto rechts.*

Funghi alla partenopea

Pilze auf neapolitanische Art

Angesichts der atemberaubenden Preise für Steinpilze halte man sich an gute Zuchtpilze wie Champignons, Egerlinge oder Austernpilze.

500 g Egerlinge
1 Karotte
1 Zwiebel
1 Stange Bleichsellerie
1 Bund Petersilie
2 EL Olivenöl extra vergine
1 Knoblauchzehe, geschält und gepreßt
1 Glas Weißwein
2 Stengel frischer Thymian (ersatzweise getrockneter)
1 Lorbeerblatt
200 g Passata di pomodori
Salz, Pfeffer aus der Mühle

Die Stielenden abschneiden und die Pilze gut mit Küchenpapier abreiben, möglichst nicht waschen. In Scheiben schneiden.
Die Karotte schaben und klein hakken, die Zwiebel schälen und klein hacken, Sellerie ebenfalls putzen und klein hacken, Petersilienblättchen abzupfen und grob hacken. Gemüse und Petersilie in wenig Öl kurz andünsten, den Knoblauch hinzugeben, mit dem Weißwein übergießen. Abgedeckt bei mittlerer Hitze etwa 10 Minuten köcheln lassen, zwischendurch umrühren, der Wein sollte fast verdampfen. Dann die Pilze, abgezupfte Thymianblättchen sowie Lorbeerblatt hinzufügen und die Passata di pomodori darübergießen, salzen, pfeffern und zudek-

ken. Etwa 15 Minuten auf kleiner Flamme schmoren lassen.
Noch einmal mit den Gewürzen abschmecken und abkühlen lassen.

● Passata di pomodori – durchpassierte Tomaten – ist inzwischen auch bei uns gut erhältlich. Hat man sie nicht zur Hand, nimmt man eine kleine Dose Tomaten: Saft abtropfen lassen und Tomaten kurz mit dem Handmixer pürieren. Selbstverständlich kann man auch frische reife Tomaten, abgezogen und kleingehackt, untermischen.

Porro al vino

Lauch in Wein

1 kg Lauch
(nicht zu dicke Stangen)
1 Bund Petersilie
6 EL Olivenöl
Saft von 1 Zitrone
¼ l trockener Weißwein
1 EL Korianderkörner
1 Bund frischer Thymian (oder
1 gehäufter EL getrockneter)
5 Lorbeerblätter
Salz
Pfeffer aus der Mühle

zum Garnieren:
1 Zitrone oder
2 hartgekochte Eier

Den Lauch putzen: Wurzelansatz und den oberen dunkelgrünen Teil abschneiden. Gründlich waschen. Petersilie waschen und die Blättchen abzupfen.
Alle Zutaten außer dem Lauch in einen Topf geben (leicht salzen und nach Belieben pfeffern), aufkochen und dann auf kleiner Flamme etwa 10 Minuten weiterkochen lassen.
Den Lauch hineinlegen und etwa 20 Minuten darin dünsten. Er sollte vom Sud bedeckt sein, andernfalls gieße man noch etwas Wein nach.
Den Lauch aus dem Sud nehmen und in einer flachen, länglichen Schüssel anrichten. Mit etwas Sud übergießen und mit Zitrone garnieren, die man nach Belieben in Viertel, Achtel oder in Scheiben schneidet. *Foto linke Seite.*
Man kann auch zusätzlich (oder alternativ) mit kleingehacktem hartgekochten Ei garnieren.

Fleischgerichte

Alle diese unkompliziert zuzubereitenden Fleischgerichte eignen sich ebenso als Vorspeisen wie als Zwischengerichte – vor allem im Sommer – und können auf einem kalten Büfett sehr gut mit Soßen, frischen Salaten und Gemüsen kombiniert werden.

Variationen über Carpaccio

Carpaccio ist kein traditionelles italienisches Gericht. Erfunden von Arrigo Cipriani, dem Chef der berühmten »Harry's Bar« in Venedig, hat es aber im wahrsten Sinne des Wortes einen Siegeszug um die Welt angetreten, höchstwahrscheinlich, weil es gut schmeckt, relativ leicht zuzubereiten ist und weil jeder Koch es nach eigener Phantasie abwandeln kann. Cipriani servierte es zuerst mit einer »Salsa rosa«, einer rosa Soße, die etwa so angemacht war, wie im folgenden angegeben.
Man rechnet pro Person 50 bis 100 g Rinderfilet – je nachdem, ob man nur eine kleine Vorspeise oder ein sommerliches Hauptgericht reichen möchte. Nach Möglichkeit läßt man sich die Scheiben vom Metzger hauchdünn schneiden. Ansonsten friert man das Filet an, bevor man es auf der Maschine (die braucht man allerdings) schneidet.
Man kann die Filetscheiben einfach mit einer leichten Vinaigrette aus Zitronensaft und gutem Olivenöl anrichten und nach Belieben garnieren. Weitere Vorschläge folgen.

Carpaccio con salsa rosa
Carpaccio mit rosa Soße

125 g möglichst selbstgemachte Mayonnaise
1 TL Dijonsenf
1 Schuß Worcestersoße
1–2 EL Cognac
3–4 EL Crème double
1 Spritzer Tabasco (oder ein wenig Cayennepfeffer)
Salz nach Belieben

Die Zutaten der Reihe nach sorgfältig in die Mayonnaise einrühren und zum Schluß eventuell mit Salz abschmecken.
Man kann diese Soße abwandeln, indem man einen Eßlöffel gehackte Kapern oder zerquetschte grüne Pfefferkörner untermischt. Die Soße getrennt servieren. *Foto rechte Seite.*

Carpaccio con gli asparagi
Carpaccio mit Spargel

200 g Rinderfilet
500 g Spargel
1 TL Balsamessig (aceto balsamico)
1 EL Weißweinessig
Salz, Pfeffer aus der Mühle
1 Prise Zucker
4–5 EL Olivenöl extra vergine
1 Bund Basilikum oder Petersilie

Spargel schälen und schräg in dünne Scheiben schneiden (falls man grünen Spargel verwendet, nur den untersten Teil schälen). Aus Balsamessig, Weißweinessig, Salz, Pfeffer, Zucker und Öl eine Salatsoße rühren und den Spargel darin 20 Minuten marinieren. Dann den Spargel samt Vinaigrette auf dem Fleisch verteilen. Mit Basilikum- oder Petersilienblättchen bestreuen. *Foto rechte Seite.*

Carpaccio ai porcini
Carpaccio mit Steinpilzen

Verwendet man Kresse oder Feldsalat statt der nicht ganz leicht erhältlichen (aber köstlich würzigen) Rauke, läßt man die Basilikumblätter weg. Statt Parmesan kann man auch festen Pecorino, Schafskäse, nehmen.

2 große Steinpilze
(oder 200g Champignons)
50g Parmesan vom Stück
1 Bund Rucola, Rauke (ersatzweise Kresse oder Feldsalat)
einige frische Basilikumblätter

Die Steinpilze sorgfältig waschen, putzen und in sehr feine Scheibchen schneiden (Zuchtchampignons hingegen nur gut mit Küchenpapier abreiben). Den Käse ebenfalls in möglichst feine Scheibchen schneiden. Die Rauke waschen, putzen, gut abtropfen lassen und klein schneiden. Das kurz marinierte Fleisch so auf einer großen Platte verteilen, daß die Mitte frei bleibt. Pilze, Rauke (oder Kresse) und Käse locker in die Mitte häufen. Eventuell mit Basilikumblättern garnieren.
Man kann die Fleischscheiben nach Belieben auch auf das Rauke- oder Kressebett legen und mit Pilzen und Käse garnieren.

● Statt Steinpilzen oder Zuchtchampignons passen auch Pfifferlinge gut zum Carpaccio. Man dünstet sie kurz in wenig Salzwasser und verteilt sie dann gut abgetropft über dem Fleisch. In diesem Fall läßt man den Käse weg.

Carpaccio con agliata
Carpaccio mit Knoblauchsoße

6–9 Knoblauchzehen
90g Weißbrotkrume
Olivenöl extra vergine
Essig
Salz
Pfeffer oder frischer oder getrockneter Peperone

Den Knoblauch schälen und fein hacken. Zusammen mit dem Weißbrot, das man zuvor in Wasser eingeweicht und gut ausgedrückt hat, in den Mixer geben und nach und nach so viel Öl hinzufügen, daß eine geschmeidige, aber nicht zu dünne Paste entsteht. Nach Belieben etwas Essig, Salz, Pfeffer oder auch feingehackten frischen Peperone (ersatzweise getrockneten) hinzugeben. Zum Carpaccio servieren: in die Mitte häufen und das Fleisch rundum anordnen.

Carpaccio al peperone

Carpaccio mit Paprikamus

Ist kein frisches Basilikum erhältlich, garniert man mit feingehacktem Schnittlauch oder Petersilie. Statt mit Pfeffer kann man auch – pikanter – mit einem halben frischen, kleingehackten Peperone würzen.

1 große grüne oder gelbe Paprikaschote
1 Stange Bleichsellerie
1 kleine, feingehackte Zwiebel (nach Belieben)
Saft von 1 Zitrone
4 EL Öl
1 Bund Petersilie
1 Bund Basilikum
Salz, Pfeffer aus der Mühle

Die Paprikaschote vom Stielansatz und nur teilweise von Rippen und Kernen befreien, damit die Soße etwas pikanter wird. In Stücke schneiden und mit dem ebenfalls in Stücke geschnittenen Sellerie (nach Belieben auch mit Zwiebel), Zitronensaft, Öl, abgezupften Petersilienblättchen und der Hälfte der Basilikumblätter im Mixer pürieren. Inmitten der Fleischscheiben aufhäufen und alles mit Basilikumblättchen garnieren.

Insalata di carne cruda alla piemontese

Rohes Fleisch auf piemontesische Art

Dieses piemontesische Gericht ist unserem Tatar relativ ähnlich – und auch wieder nicht, denn man dreht das Fleisch auf keinen Fall durch den Fleischwolf. Unserem heutigen Geschmack entsprechend wird man es erst kurz vor dem Servieren zubereiten, damit es seine rosige Farbe behält, und nur kurz durchziehen lassen. Traditionell ließ man es eine Weile marinieren.

500 g Rindsfilet (oder Kalbsnuß)
3 Zitronen
Olivenöl extra vergine
Salz, Pfeffer aus der Mühle
1 Knoblauchzehe, geschält und gepreßt
1 Bund Petersilie
ein paar eingelegte Gürkchen
4 Sardellenfilets

Das Filet mit einem scharfen Messer in Würfelchen schneiden und in eine Schüssel geben. Mit dem Saft von zwei Zitronen, reichlich gutem Olivenöl, Pfeffer, Salz und dem Knoblauch würzen. Durchmischen. Ein Weilchen ziehen lassen, damit das Fleisch im Zitronensaft marinieren kann.
Vor dem Servieren noch einmal gut durchmischen und mit Scheiben der restlichen Zitrone, abgezupften Petersilienblättchen, Gurken und Sardellenfilets, die man nach Belieben im ganzen oder kleingehackt dazugeben kann, garnieren.

● Sehr edel wird dieser »Fleischsalat«, wenn man ihn mit Scheibchen von frischem Trüffel (so will es die Tradition) belegt. Statt dessen kann man aber auch frische Steinpilze oder Zuchtchampignons verwenden. Und wie beim Carpaccio macht sich auch geraspelter Parmesan sehr gut.

Manzo bollito con salsa verde

Gekochtes Rindfleisch mit grüner Soße

Natürlich gelingt ein solches Gericht am besten, wenn man erstklassiges mageres Fleisch wie Tafelspitz verwendet, doch schmeckt die robuste *Salsa verde* auch zu einem »Tellerfleisch« sehr gut. Man lasse sich vom Metzger beraten, denn das Fleisch sollte beim Kochen nicht faserig werden. Je größer das Fleischstück, desto besser. Die Garzeit hängt sehr von der Fleischqualität und von der Menge ab: Man prüfe nach ca. 50 Minuten mit der Gabel. Die Suppengemüse können beliebig variiert werden.
Bei der grünen Soße sollte man es halten wie die italienische Hausfrau: Man nimmt, was gerade vorhanden ist. Dill wird in Italien kaum verwendet, auch Estragon selten, aber sie machen sich sehr gut in dieser Soße. Selbstverständlich kann das Fleisch mit dieser wie mit der am Ende des Rezeptes beschriebenen Kartoffelsoße auch warm serviert werden.

1 kg Tafelspitz
Salz
1 große Zwiebel
1 Karotte
1 Stange Sellerie (oder 1 Stück Knolle)
1 Stange Lauch
Petersilie
1 EL Pfefferkörner

Grüne Soße

1 Zwiebel, geschält, fein gehackt
1–2 Knoblauchzehen, geschält, fein gehackt
1 gehäutete, entkernte Tomate
1 TL Kapern, fein gehackt
1 Cornichon (oder 1 kleine Essiggurke), fein gehackt
1 hartgekochtes Ei, fein gehackt
1 gute Handvoll feingewiegte frische Kräuter (z. B. Basilikum, Petersilie, Zitronenmelisse, Minze, Estragon, Schnittlauch, Dill)
Saft von ½ Zitrone
Salz, Pfeffer aus der Mühle
Olivenöl extra vergine

Reichlich Salzwasser aufsetzen. Sobald es kocht, Fleisch, Gemüse, Petersilie und Pfefferkörner hineingeben, aufkochen lassen, dann die Hitze mindern und auf kleiner Flamme garen.
Alle Zutaten für die grüne Soße außer dem Olivenöl gut vermischen. Dann langsam Olivenöl einrühren, bis die Soße eine schöne, dicke Konsistenz annimmt.
Das Fleisch in der Brühe erkalten lassen, herausnehmen, schneiden und auf einer Platte anordnen, z. B. auf einem grünen Salat wie Endivie. Mit einem Löffel Brühe leicht überträufeln und die Soße dazu servieren.

● Diese grüne Soße kann man auch zu anderem warmen Fleisch oder Fisch servieren.

● Und hier ein weiterer Soßenvorschlag. *Salsa di patate* – Kartoffelsoße: Man benötigt 200 g mehlige Kartoffeln, 1 großes Bund Petersilie, 3–4 Sardellenfilets, 1 gehäuften EL Kapern, 2 geschälte Knoblauchzehen, Pfeffer aus der Mühle, Olivenöl extra vergine, 1–2 EL Balsamessig. Die Kartoffeln kochen und schälen. Zusammen mit den abgezupften, gewaschenen und getrockneten Petersilienblättchen, Sardellen, Kapern, Knoblauch und einer kräftigen Prise Pfeffer in den Mixer geben und langsam so viel Öl einlaufen lassen, bis die Soße dick und schaumig wird. Zum Schluß den Essig einrühren; die Menge muß man ausprobieren, sie hängt sehr von der Qualität, d. h. der Schärfe, des Essigs ab.

Insalata di manzo
Rindfleischsalat

Dieses Rezept stammt aus Camogli an der Riviera di Levante. Ich habe beim Senf Dijonsenf angegeben, weil man ihn in Deutschland auf jeden Fall bekommt, aber man kann auch einen anderen guten scharfen Senf verwenden.

500 g gekochtes mageres Rindfleisch (auch Reste)
1 Handvoll Petersilienblätter
1 Handvoll Basilikumblätter
1 kleine Zwiebel
1 Knoblauchzehe
1 EL Kapern
3–4 eingelegte Gürkchen
2 in Salz eingelegte Sardellen (oder 4 Filets in Öl)
2 EL guter Rotweinessig
1–2 TL Dijonsenf
wenig Salz, Pfeffer aus der Mühle
ca. 6 EL Olivenöl extra vergine

Das Rindfleisch in grobe Würfel schneiden und in eine Salatschüssel geben. Petersilien- und Basilikumblätter grob zerhacken, Zwiebel und Knoblauch schälen und fein hacken, Kapern ganz lassen oder grob zerkleinern, Gürkchen klein schneiden und alles zum Rindfleisch geben. Verwendet man in Salz eingelegte Sardellen, entfernt man die Rückengräten, teilt sie in Filets, wäscht sie sehr sorgfältig und schneidet sie klein. Andernfalls die in Öl eingelegten Sardellen ebenfalls zerkleinern; falls man Sardellen gern mag, kann man nach Belieben noch 1 oder 2 Filets hinzufügen. Ebenfalls in die Schüssel geben.
Den Essig mit dem Senf und etwas Salz und Pfeffer verrühren, nach und nach das Olivenöl hinzugeben. Abschmecken, nach Bedarf noch weiteres Öl zugeben. Verwendet man den köstlichen Aceto balsamico, dosiere man ihn eher vorsichtig, da er sehr intensiv ist. Die Soße über das Fleisch geben und gut durchmischen. Einige Stunden gekühlt ziehen lassen. Vor dem Servieren eventuell noch einmal mit Pfeffer abschmecken.

● Der Salat kann angereichert werden, indem man 300 g vorgegarte junge Bohnen, 2 kleine feste, reife Tomaten (klein geschnitten) und 50 g schwarze Oliven untermischt – dann wird er bereits zu einem sommerlichen Hauptgericht für vier Personen. Die Sardellen kann man in diesem Fall auch weglassen.

● *Manzo bollito con salsa verde:* Plant man ein kaltes Büfett, kann man ein größeres Stück Rindfleisch kochen, es teilen, die andere Hälfte in Scheiben schneiden und mit grüner Soße servieren (s. S. 88).

Vitello tonnato

Kalbfleisch mit Thunfischsoße

Dieses überaus beliebte Gericht existiert in einer ganzen Reihe von Regionen – Piemont, Aosta, Lombardei, Emilia-Romagna – und in zahllosen Versionen. Da man es einige Zeit im voraus zubereiten muß und es noch besser schmeckt, wenn es einen Tag gut durchgezogen ist, eignet es sich hervorragend für eine Einladung. Das folgende Rezept stammt aus der Emilia-Romagna.

1 kg Kalbfleisch von der Keule
1 Karotte
1 Zwiebel
2 Lorbeerblätter
3–4 Gewürznelken
Salz, 1 TL weiße Pfefferkörner
1 Flasche trockener Weißwein

Soße:
1 große Dose Thunfisch (ca. 200 g abgetropft)
2–4 Sardellenfilets
ca. 1/8 l Olivenöl
2 Eidotter
Saft von 1 Zitrone
1 Spritzer guter Weißweinessig
3 EL Kapern

Das Fleisch in ein Gefäß legen, Karotte und Zwiebel geputzt und in Scheiben geschnitten, Lorbeerblätter, Gewürznelken, ein wenig Salz und die Pfefferkörner hinzugeben und mit dem Wein begießen. Über Nacht ziehen lassen. Am nächsten Tag in der Marinade auf kleiner Flamme kochen, bis es gar, aber noch fest ist (ca. 1½ bis 1¾ Stunden). Anschließend im Sud erkalten lassen. Wenn man die Soße im Mixer bereitet, kann man alle Zutaten (außer den Kapern) gleichzeitig vermischen, mit einem Gläschen von dem Sud verdünnen, dann die feingehackten Kapern unterziehen und noch einmal abschmecken. Andernfalls bereitet man aus Eigelb, Essig, Zitronensaft, Salz und Olivenöl eine Mayonnaise und vermischt sie mit dem Thunfisch und den Sardellenfilets, die man mit ein wenig Sud püriert hat. Das kalte Fleisch aus dem Sud nehmen und in sehr feine Scheiben schneiden, die man ziegelartig auf einer Platte anrichtet. Mit der Soße übergießen.
Man kann nach Belieben noch mit Essiggürkchen, Oliven oder hartgekochtem Ei garnieren. *Foto linke Seite.*

● Das Fleisch kann zusammen mit Gemüse und Gewürzen auch einfach in Salzwasser gegart werden; oder man nimmt halb Wein, halb Wasser. Für die Soße kann man nach Belieben das Gemüse mitpürieren.
Eine andere Möglichkeit: Man brät das Fleisch gut in Olivenöl an, übergießt es dann mit ein wenig Weißwein, pfeffert, salzt und gart es zusammen mit Lorbeerblättern, 1–2 Knoblauchzehen, ein paar Sellerieblättern etwa 45 Minuten bei 180 °C im Ofen.

● *Vitello tonnato in insalata:* Man kann dieses Rezept auch zum Salat abwandeln – womöglich als Resteverwertung. Dazu benötigt man außer den genannten Zutaten – beispielsweise – nur ein paar Stangen Sellerie (kleingeschnitten) und eine kleine Dose Artischockenherzen (geviertelt). Man vermischt sie mit dem in Streifen geschnittenen Kalbfleisch und gießt die Soße darüber. Kalt gestellt gut ziehen lassen und nach Belieben mit Sellerieblättchen, Oliven, ein wenig zerpflücktem Thunfisch oder hartgekochten Eiern garnieren.

● *Pollo in salsa tonnata:* Man befreit ein kleines gebratenes oder gekochtes Hähnchen von der Haut, löst das Fleisch ab und schneidet es in Stücke, die man mit der Hälfte der beschriebenen Thunfischsoße vermischt. Die restliche Soße gießt man darüber und garniert nach Belieben, z. B. mit Vierteln von hartgekochten Eiern.

Pâté di fegato alla veneziana

Leberpastete auf venezianische Art

Dieses einfache Rezept war ursprünglich eine reine Resteverwertung des *Fegato alla veneziana*, der Leber auf venezianische Art.

600 g Kalbsleber in feinen Scheiben
500 g Zwiebeln
2 EL Butter
2 EL Olivenöl
einige Salbei- oder Lorbeerblätter
Salz, Pfeffer aus der Mühle
trockener Marsala nach Belieben
Butter

Die Leber in Streifen oder kleine Scheibchen schneiden. Die Zwiebeln schälen, längs halbieren und in dünne Ringe schneiden.
Das Fett in die Pfanne geben und die Zwiebeln goldgelb darin andünsten, den Salbei oder die Lorbeerblätter untermischen und ein Weilchen auf kleiner Flamme schmoren lassen. Dann das Feuer erhöhen, die Leber in die Pfanne geben und schnell darin braten (falls man die Leber nicht lediglich für die Pastete gart, ist es vernünftiger, sie in der Hälfte des Öls in einer zweiten Pfanne zu braten, damit sie Farbe bekommt). Salzen und pfeffern; nach Belieben etwas Marsala hinzugeben und kurz eindampfen lassen. Abkühlen lassen. Salbei- oder Lorbeerblätter herausnehmen. Leber und Zwiebeln nun sehr fein hacken (oder zweimal durch den Fleischwolf drehen) und zu einer homogenen Paste verrühren. Wiegen, nach und nach gleichviel weiche Butter hineinarbeiten; die Creme muß sehr sorgfältig durchgearbeitet werden – das kann man auch mit dem Handrührer tun. Wenn nötig, noch einmal mit Gewürzen abschmecken. In eine große Form oder in Förmchen füllen. Mit Klarsichtfolie bedecken und mindestens eine Stunde in den Kühlschrank stellen. Mit geröstetem Brot servieren.

● Man kann die Leber nach Belieben auch mit mehreren Würzkräutern garen, z.B. Lorbeer, Rosmarin und Salbei, oder statt Marsala Cognac hineingeben. Wünscht man die Pastete etwas kräftiger im Geschmack, gart man 50 g kleingehackten Speck mit.
Mit dieser Pastete kann man hervorragend Crostini (s. S. 132) bestreichen.

Trippa piccante sulla scarola

Pikante Kutteln auf Endivie

In Deutschland kennt und schätzt man Kutteln vorwiegend im süddeutschen Raum, wo man sie in der Regel bereits gereinigt und vorgegart bekommt. Am besten erkundigt man sich beim Metzger und bestellt sie eventuell vor. In Italien findet man sie in vielen Gegenden in unterschiedlichsten Rezepten, vorwiegend im Norden und im mittleren Teil des Landes.
Die *scarola* ist eine Endivienart mit relativ kleinen Köpfen. Man kann statt Endiviensalat auch einen anderen Salat nach Belieben verwenden, z.B. Friséesalat, Eichblattsalat, Lollo oder Radicchio, gemischt mit Rauke.

500 g Kalbskutteln
1 Zwiebel
2 Nelken
2 Lorbeerblätter
nach Belieben noch Suppengrün
1 l Geflügelbrühe (Würfel)
1 Kopf Endiviensalat

Vinaigrette:
1 TL Balsamessig
1 EL Rotweinessig
Salz, Pfeffer aus der Mühle
3–4 EL Olivenöl extra vergine
1 frischer scharfer Peperone
1 reife, aber feste Tomate
3 Schalotten oder 1 mittelgroße Zwiebel
1 Bund Schnittlauch

Die Kutteln in feine Streifen schneiden und mit der geschälten, halbier-

ten Zwiebel, Nelken, Lorbeerblättern und eventuell Suppengrün in der Geflügelbrühe weichkochen.
Inzwischen den Salat putzen, waschen, trocken schleudern und klein schneiden. In der Mitte einer großen Platte aufhäufen. Im Essig Salz und Pfeffer verrühren und erst dann das Olivenöl hinzugeben. Den Peperone vom Stielansatz befreien, entkernen und sehr fein hacken. Die Tomate kurz mit kochendem Wasser überbrühen, abziehen, entkernen und fein hacken. Die Schalotten oder die Zwiebel schälen und ebenfalls fein hacken, den Schnittlauch fein schneiden. Alles in die Vinaigrette geben.
Die gegarten Kutteln abgießen, Zwiebel, Nelken und Lorbeerblätter herausnehmen. Mit der Vinaigrette gut vermischen, durchziehen lassen, noch einmal abschmecken, eventuell nachpfeffern und rund um den Endiviensalat anordnen. Zimmerwarm servieren. Man kann die Kutteln gut einen Tag im voraus zubereiten.
Nach Belieben kann der Endiviensalat kurz vor dem Servieren mit einer leichten Vinaigrette nur aus Essig, Öl, Salz und Pfeffer beträufelt werden. Oder man stellt – wie in Italien üblich – Essig, Öl, Salz und Pfeffer mit auf den Tisch, so daß jeder selbst nachwürzen kann.

● Wer in Essig eingelegtes Gemüse schätzt, kann nach Belieben noch Essiggurken oder Cornichons und eingelegte Paprikaschoten, kleingehackt, untermischen.

Lingua di vitello in salsa piccante
Kalbszunge in pikanter Soße

Ob man für dieses Gericht frische Zunge oder Pökelzunge verwendet, hängt davon ab, für wie viele Personen und für welchen Anlaß man es bereiten will. Frische Zunge kann man in der Regel nur im ganzen, das heißt in größerer Menge, kaufen. Man kann sich aber auch vom Metzger Pökelzunge fein schneiden lassen und sie zusammen mit dieser Soße servieren.
Frische Kalbs- oder Rinderzunge gart man zuvor etwa zwei Stunden in Salzwasser, zieht dann die Haut ab, schneidet die Zunge in feine Scheiben, läßt sie abkühlen und übergießt sie mit der Soße.
Ob mit gekochter oder gepökelter Zunge zubereitet, eignet sich dies auch als sommerliches Hauptgericht.

300 g gepökelte Rinderzunge in feinen Scheiben

Soße:
2 Stangen Bleichsellerie
1–2 Karotten
2 frische Tomaten (oder einige abgetropfte Dosentomaten)
Olivenöl
¼ altbackenes Brötchen ohne Rinde
1 TL Balsamessig
1 EL Rotweinessig
3–4 Sardellenfilets
1 gehäufter EL abgetropfte Kapern
1 kleine Zwiebel, fein gehackt
1 kleine Knoblauchzehe, fein gehackt
Saft von ½ Zitrone
Salz, Pfeffer aus der Mühle
Olivenöl extra vergine

Sellerie und Karotten putzen, waschen und fein hacken. Die Tomaten kurz mit kochendem Wasser überbrühen, abziehen und grob hacken. Die Gemüse etwa fünf Minuten in wenig zuvor erhitztem Olivenöl dünsten; abkühlen lassen.
Das Weißbrot kurz in Essig weichen und dann gut ausdrücken. Zusammen mit Sardellenfilets, Kapern, Zwiebel, Knoblauch, der Gemüsemischung, Zitronensaft, ein wenig Salz und Pfeffer in den Mixer geben und langsam weiteres Olivenöl hineinfließen lassen. Die Soße sollte cremig, aber nicht allzu kompakt sein.
Die Zungenscheiben auf einer Platte anordnen und die Soße darübergießen.

● *Lingua con salsa di balsamico:* Kalte Zunge schmeckt auch gut, wenn man sie mit einer leichten Vinaigrette übergießt: 1 EL Balsamessig mit wenig Salz, einer Prise Zukker und Pfeffer verrühren, dann etwa 3–4 EL Olivenöl extra vergine zugeben. Gleichmäßig über der Zunge verteilen und mit frischen Kräutern wie Basilikum, Petersilie, Schnittlauch bestreuen. Nach Belieben kann man zusätzlich mit Oliven und/oder Kapern garnieren.

Arista alla fiorentina

Schweinebraten auf Florentiner Art

Da dieser Braten kalt besonders gut schmeckt, kann man ihn wunderbar aufs kalte Büfett stellen und eine beliebige kalte Soße dazu servieren. Ich schlage hier eine Soße aus rohen Tomaten vor, aber es passen auch zahllose andere, wie beispielsweise die *Agliata* (siehe *Carpaccio*, S. 86) dazu. Auf grünem Salat angerichtet, kann man den Braten auch gut mit *Arance in aceto* (s. S. 22) oder *Mostarda* (s. S. 21) servieren.
Am besten eignet sich ein Kotelettstück mit Knochen, da das Fleisch saftiger bleibt und der Knochen zusätzlich Würze gibt.

Ca. 1,5 kg Schweinebraten
2 Knoblauchzehen
1 Zweig frischer Rosmarin (ersatzweise getrocknet)
oder Fenchelsamen
Salz, Pfeffer aus der Mühle

Die Rosmarinnadeln (oder Fenchelsamen) zusammen mit dem geschälten Knoblauch sehr fein hacken, Salz und Pfeffer hinzufügen. Gut mischen und in kleine Löcher geben, die man ins Fleisch schneidet. Das Fleisch noch einmal ringsherum gut salzen und pfeffern, mit einem Bratfaden umwickeln, damit es in Form bleibt. Nach Möglichkeit am Grillspieß braten. Andernfalls kann man es auch mit ein wenig Öl in eine Bratenpfanne geben und bei etwa 180 °C ca. zwei Stunden im Ofen garen. Zwischendurch hin und wieder drehen und mit dem Bratensaft begießen.
Der so zubereitete Braten schmeckt heiß, aber besser noch kalt und läßt sich gut einige Tage aufheben.

Soße aus rohen Tomaten

Dies ist eine reine Sommersoße, da sie nur mit guten, an der Sonne gereiften Tomaten schmeckt.

500 g reife, aber feste Tomaten
1 Zwiebel (oder 2 Knoblauchzehen)
1 Prise gerebelter Origano
1 Bund Basilikum
1 Bund Petersilie
1 kleiner frischer Peperone nach Belieben
1 Gläschen Olivenöl extra vergine
Salz, Pfeffer aus der Mühle

Man kann die Tomaten nach Belieben schälen (zuvor mit kochendem Wasser überbrühen), das ist aber nicht unbedingt nötig. Klein hacken, in eine Schüssel geben und mit der geschälten, feingehackten Zwiebel (oder dem Knoblauch) vermischen: Zwiebel und Knoblauch werden in diesem Fall stets alternativ verwendet. Mit dem Origano bestreuen. Basilikum und Petersilie waschen, die abgezupften Blättchen fein hakken und ebenfalls untermischen. Den Peperone entkernen, fein hakken und ebenfalls hinzugeben. (Möchte man nicht soviel Schärfe, halbiert und entkernt man ihn, läßt ihn mitmarinieren und entfernt ihn vor dem Servieren.) Mit dem Olivenöl übergießen und nach Möglichkeit eine Weile marinieren lassen. Die Soße schmeckt aber auch sehr gut, wenn man sie relativ kurz vor dem Essen zubereitet. Mit Salz und Pfeffer schmeckt man erst im letzten Moment ab.

● Diese Tomatensoße paßt auch sehr gut zu Spaghetti und kann nach Belieben noch mit entkernten, kleingehackten grünen oder schwarzen Oliven oder mit Kapern angereichert werden.

Cima ripiena alla genovese

Gefüllte Kalbsbrust auf Genueser Art

Dieses sehr typische ligurische Rezept gibt es in mehreren Variationen, häufig werden noch Hoden und Euter hinzugegeben. Es wird manchmal auch warm serviert, in der Regel ißt man es aber kalt. Es läßt sich in kleiner Menge kaum zubereiten; die Angaben sind für etwa acht Personen gedacht.

1,2 kg Kalbsbrust
150 g Kalbshack
50 g Kalbshirn
50 g Kalbsbries
1 Tütchen getrocknete Steinpilze (ca. 10 g)
1 kleine Zwiebel
1 Knoblauchzehe
50 g Butter
20 g Pinienkerne
50 g grüne Erbsen, kurz vorgegart
3–4 EL Parmesan
1 TL feingehackter Majoran
2 EL feingehackte Petersilie
3 Eier
Salz, Pfeffer aus der Mühle, Muskatnuß
1 Hauch Zimt
2 l Fleisch- oder Gemüsebrühe (auch Würfel)

Die Kalbsbrust läßt man sich vom Metzger so vorbereiten, daß eine Tasche zum Füllen entsteht. Waschen, abtropfen lassen und gut trocknen. Hirn und Bries sorgfältig säubern und kurz in Salzwasser blanchieren, abkühlen lassen und möglichst klein schneiden. Die Steinpilze ein paar Minuten in warmem Wasser einweichen, abtropfen lassen und klein schneiden. Zwiebel und Knoblauch schälen und fein hacken.
Die Butter erhitzen und die drei Fleischsorten mit Knoblauch und Zwiebel kurz darin andünsten. In eine Schüssel geben und sorgfältig mit allen anderen Zutaten vermischen. Mit den Gewürzen abschmecken. Sollte die Mischung zu flüssig sein, arbeitet man noch ein wenig Semmelbrösel oder eine kleingeschnittene, zuvor in Wasser oder Brühe eingeweichte altbackene Semmel hinein. Die Masse in die Kalbsbrust füllen; die Tasche darf allerdings höchstens bis zu zwei Dritteln gefüllt werden, da die Füllung beim Kochen aufgeht, während die Tasche sich zusammenzieht. Mit Küchenfaden zunähen und das Fleisch vorsichtshalber noch mit einer Nadel einstechen, damit es nicht platzt.
Die Fleisch- oder Gemüsebrühe erhitzen und die Cima hineinlegen. Auf kleinem Feuer gut zwei Stunden kochen. Kalt servieren und die ausgezeichnete Brühe anderweitig verwenden. *Foto Seite 82/83.*

Tortino di carne ai pinoli

Hackfleischtorte mit Pinienkernen

---

2 EL Pinienkerne
400 g mageres Rinderhack
100 g Schweinehack
100 g Mortadella, durch den Fleischwolf gedreht
100 g Parmesan, frisch gerieben
1 EL Semmelbrösel
1 Ei
1 EL Cognac
Salz, Pfeffer aus der Mühle
1 Prise Majoran
etwas frisch geriebene Muskatnuß
1 EL Butter zum Ausfetten der Form
Semmelbrösel zum Bestreuen
Butter für Flöckchen

Die Pinienkerne in einer Pfanne ohne Fett unter Rühren leicht anrösten. Hackfleisch, Mortadella, Parmesan, Pinienkerne, Semmelbrösel und Ei zu einem geschmeidigen Teig verkneten. Mit Cognac und den Gewürzen abschmecken.
Eine Springform ausfetten, die Fleischmasse in die Form drücken und glattstreichen. Mit Semmelbröseln bestreuen und mit Butterflöckchen belegen.
Bei 180 °C etwa 50 Minuten im vorgeheizten Ofen backen, bis die Oberfläche leicht gebräunt ist.
Aus dem Ofen nehmen und wie einen Kuchen aufschneiden. Heiß, lauwarm oder kalt servieren.

Pollo alle erbe colla grappa
Hähnchen mit Kräutern und Grappa

Pikant mariniertes Hähnchen sieht, dekorativ angerichtet, auf einem kalten Büfett sehr gut aus und ist ideal für den Picknickkorb. Zusammen mit Salat und einer pikanten Soße – z. B. Kapernsoße, Kartoffelsoße, rohe Tomatensoße – kann man es als leichtes Sommergericht servieren. Nach Belieben kann es natürlich auch in kleinerer Menge mit Hähnchenschenkeln oder Hühnerbrüstchen zubereitet werden. Wesentlich ist die Qualität des Geflügels. Nach Möglichkeit verwende man frische Kräuter – nur ersatzweise getrocknete.

1 Hähnchen
2 Zweiglein Thymian
1 Zweig Rosmarin
4 Salbeiblätter
1 EL Origanoblättchen
1 Lorbeerblatt
1–2 Knoblauchzehen, fein gehackt
Salz, Pfeffer aus der Mühle
4–6 EL Grappa
Olivenöl extra vergine

Das Hähnchen waschen, trocknen und in nicht zu große Stücke zerteilen. Die Kräuterblätter grob zerhakken und mit dem Knoblauch, Salz und Pfeffer vermischen; die Hähnchenstücke rundum damit einreiben, mit dem Grappa und ein wenig Olivenöl beträufeln und nach Möglichkeit einige Stunden marinieren lassen. Zwischendurch wenden. In eine nur leicht eingefettete Form geben und etwa 40 Minuten in dem auf 220 °C vorgeheizten Backofen garen. Aus dem Bratfett nehmen und abkühlen lassen. Man kann das Grappa-Hähnchen nach Belieben natürlich auch warm servieren, aber kalt schmeckt das Aroma besser durch. *Foto linke Seite.*

Fische und Schaltiere

Cozze piccanti
Muscheln im pikanten Sud

1½ kg Miesmuscheln
4 EL Olivenöl
6–8 Knoblauchzehen, klein gehackt
2 Gewürznelken, 1 Lorbeerblatt
2 Zweige Thymian
1 roter oder grüner scharfer Peperone (ersatzweise getrocknet), Salz
1 Zwiebel, geschält, in Scheiben
½ Zitrone in Scheiben
1 EL Balsamessig (aceto balsamico)
1 Glas trockener Marsala (oder Weißwein)
1 Prise Origano
Petersilie zum Bestreuen

Die Muscheln sorgfältig waschen, geöffnete Exemplare wegwerfen. In einem großen Topf das Olivenöl erhitzen und die Knoblauchzehen leicht Farbe nehmen lassen. Die übrigen Gewürze hinzufügen, nach Geschmack salzen, Zwiebel und Zitrone beigeben, Essig, Marsala und einen Schuß Wasser hineingießen. Aufkochen und etwa 5 Minuten köcheln lassen. Den im ganzen mitgekochten Peperone herausnehmen, falls man es nicht so scharf liebt. Die Muscheln in den Topf geben, zudekken. Zwischendurch aufschütteln. Sobald die Muscheln sich geöffnet haben, den Topf vom Herd nehmen und den fein zerriebenen Origano über die Muscheln streuen. Vor dem Servieren nach Belieben noch zerzupfte Petersilienblätter darübergeben. Die Muscheln schmecken am besten zimmerwarm. *Foto links.*

Carpaccio di salmone
Lachs-Carpaccio

12 sehr dünn geschnittene Scheiben Lachs
2 Schalotten
1 Glas trockener Weißwein
2 EL trockener Marsala (oder Sherry)
einige Pfefferkörner
Salz
40 g Butter
1 Bund Schnittlauch

Man läßt sich den Fisch am besten gleich vom Händler sehr dünn schneiden. Andernfalls friert man ihn im Gefrierschrank an und schneidet ihn dann mit der Maschine in hauchdünne Scheiben.
Die Schalotten schälen und fein hakken. Weißwein, Marsala, Schalotten, Pfefferkörner und Salz erhitzen und einige Minuten köcheln lassen. Die Lachsscheiben ganz kurz (2 Minuten) darin garen, herausnehmen, abtropfen lassen und auf einer Platte anrichten.
Die Flüssigkeit auf lebhafter Flamme einkochen lassen und in einen anderen Topf abseihen. Mit dem Schneebesen unter heftigem Schlagen nach und nach die Butter hinzugeben, bis die Soße eingedickt ist. Über den Fisch geben und mit kleingehacktem Schnittlauch bestreuen.

● Man muß den Fisch nicht vorgaren, sondern kann ihn kalt in der abgeseihten Weinsoße, der man dann noch einen Spritzer Zitronensaft hinzufügt (das Aufschlagen mit Butter fällt in diesem Fall weg), kurz ziehen lassen. Ebenfalls mit Schnittlauch bestreuen.

Baccalà crudo su carpaccio di zucchine

Roher Stockfisch auf Zucchini-Carpaccio

Freitags sieht man ihn häufig in Gastarbeiterläden in den Bottichen schwimmen, den Stoccafisso oder Baccalà: Stockfisch, in der Regel getrockneter Kabeljau, der hier bereits vorgeweicht und entgrätet zu kaufen ist (kauft man ihn getrocknet, muß man ihn mindestens drei Tage weichen und häufig das Wasser wechseln, damit er das Salz verliert). In Italien findet man den Stockfisch, der traditionell aus Skandinavien eingeführt wird, allenthalben. Bei den heutigen Konservierungsmethoden erscheint das wie ein Relikt aus alten Zeiten. Doch man liebt ihn in vielen Regionen, er ist aus der Küche nicht wegzudenken und wird auf unterschiedlichste Weise zubereitet. Hier ein einfaches, aber köstliches Rezept aus Kalabrien.

500 g Stockfisch (geputzt, gehäutet, entgrätet)
3–4 Knoblauchzehen
1 frischer Peperone
1 Bund Petersilie
etwas Zitronensaft
Olivenöl extra vergine
2 mittelgroße Zucchini

Aus dem gut abgetropften Fisch alles Wasser herauspressen. Sehr klein schneiden.
Die Knoblauchzehen schälen und fein zerdrücken.
Den Peperone waschen, trocknen, entkernen (mit Gummihandschuhen!) und fein hacken. Die Petersilienblättchen abzupfen und ebenfalls fein hacken.
Den Fisch leicht mit Zitronensaft beträufeln, mit Knoblauch und Peperone vermischen und reichlich gutes Olivenöl hinzugeben. Mindestens eine Stunde durchziehen lassen.
Die Zucchini waschen, putzen, in hauchdünne Scheiben schneiden und auf einer großen Platte verteilen. Den Fisch abschmecken, nach Belieben nachwürzen, inmitten der Zucchinischeiben aufhäufen und großzügig mit Petersilie bestreuen.

● *Marinierter Rotbarsch auf Zucchini-Carpaccio:* Falls man keinen Stockfisch mag oder ihn nicht bekommt, kann man auch Rotbarsch verwenden. Man püriert 2 Knoblauchzehen und 1–2 entkernte Pfefferschoten mit ⅛ Liter Limettensaft (ersatzweise Zitronensaft) und fügt eine Stange Staudensellerie, fein gehackt, hinzu. Über den kleingeschnittenen Fisch geben und eine Stunde durchziehen lassen. Zwischendurch wenden. Auf die Zucchinischeiben geben, mit feingehackter Petersilie bestreuen, nach Belieben noch mit Streifchen einer frischen roten Pfefferschote garnieren. *Foto rechte Seite.*

Carpaccio di persico
Carpaccio vom Flußbarsch

250 g Flußbarsch in sehr feinen Scheiben
einige Blätter Lollo
25 g Kaviar nach Belieben

für die Marinade:
2 EL Sherryessig
6 EL Traubenkernöl
½ TL scharfer Senf
1 Prise Salz
1–2 EL Fischsud, falls vorhanden
1 Schuß Zitronensaft
10 grüne Pfefferkörner, fein zerdrückt

Man läßt sich den Fisch möglichst gleich vom Händler vorbereiten.
Alle Zutaten für die Marinade miteinander vermischen. Abschmekken und nach Belieben noch weiteren Essig, Zitrone oder Öl hinzugeben.
Die Fischscheiben auf den Salatblättern anrichten und mit der Marinade überziehen. Nach Belieben gibt man ein Häufchen Kaviar in die Mitte.

Carpaccio caldo di pesce spada alla ligure
Schwertfisch-Carpaccio auf ligurische Art

Hier ein Rezept von Lisa Perrone, Wirtin der Trattoria »I Giardinetti« in Caramagna.

150 g schwarze Oliven
1 Zweig frischer Rosmarin (ersatzweise getrocknet)
200 g Schwertfisch in sehr feinen Scheiben
Saft von 1 Zitrone
Salz, Pfeffer aus der Mühle
4 EL Olivenöl extra vergine

Die Oliven entkernen und zusammen mit den Rosmarinblättchen fein hacken. Die Schwertfischscheiben auf einer feuerfesten Platte anordnen. Zitronensaft, Salz, Pfeffer und Olivenöl zu einer Vinaigrette verrühren und die kleingehackten Oliven mit dem Rosmarin untermischen; über die Fischscheiben geben.
Die Platte ein paar Minuten unter den Grill oder in den Backofen stellen. Sofort servieren.

Tonno ai pomodori
Thunfisch in Tomatensoße

Man kann auf diese Weise auch anderen festfleischigen Fisch nach Belieben zubereiten.

800 g frischer Thunfisch ohne Haut, entgrätet
Saft von ½ Zitrone
6 große reife, aber feste Tomaten (ersatzweise Dose)
2 Zwiebeln
2 Knoblauchzehen
1 Gläschen Olivenöl
¼ l trockener Weißwein
2 Lorbeerblätter
einige Zweiglein Thymian (ersatzweise getrocknet)
1 Zweig Rosmarin (ersatzweise getrocknet)
1 Prise zerriebener Origano
1 Prise frischer oder getrockneter feingehackter oder zerstoßener Peperone nach Belieben
Salz
schwarzer Pfeffer aus der Mühle
1 Handvoll Petersilienblättchen

Den Thunfisch in nicht zu kleine Stükke teilen und mit etwas Zitronensaft beträufeln. Die Tomaten mit heißem Wasser überbrühen, abziehen und grob hacken. (Dosentomaten abgießen und grob hacken.)
Zwiebeln und Knoblauch fein hakken und ein paar Minuten im heißen Olivenöl andünsten. Mit dem Weißwein ablöschen, Lorbeerblätter, Thymian, Rosmarin, Origano und dann auch die Tomaten hinzufügen, nach Belieben auch etwas Peperone. Sal-

zen und pfeffern. Mindestens 30 Minuten offen einkochen lassen, bis die Soße eingedickt ist. Dann die Fischstücke hineingeben und auf kleinster Flamme etwa 5 Minuten ziehen lassen. Vom Feuer nehmen, noch einmal mit Gewürzen abschmecken und einen Tag im Kühlen ziehen lassen. Mit feingehackten Petersilienblättchen bestreut servieren. Man kann statt Petersilie auch frisches Basilikum verwenden.

Spuma di tonno
Thunfisch-Mousse

---

600 g abgetropfter Thunfisch aus der Dose
5 Sardellenfilets
Salz
weißer Pfeffer aus der Mühle nach Belieben
250 g weiche Butter
1 kleine Gurke (oder ein paar Essiggurken nach Belieben)
1 schwarze Olive
1 Zitrone

Den Thunfisch zusammen mit den Sardellen, ein wenig Salz und nach Belieben auch etwas Pfeffer im Mixer zu einer homogenen Creme pürieren. In eine Schüssel geben, nach und nach die Butter hinzufügen, dabei kräftig mit einem Holzlöffel aufschlagen. Einige Minuten durcharbeiten. Falls man eine Fischform besitzt, füllt man die Masse hinein, ansonsten in eine andere Form. Mindestens zwei Stunden in das oberste Fach des Kühlschranks (nicht ins Gefrierfach!) stellen. Dann die erkaltete Mousse auf eine Servierplatte stürzen. Hat man eine Fischform benutzt, kann man die Gurke in feine Scheiben schneiden und sie wie Schuppen auflegen. Aus der halbierten Olive formt man die Augen. Mit Zitronenachteln garnieren. Dazu serviert man warme Weißbrot-Crostini.

● Man kann die Mousse sehr gut einen Tag im voraus zubereiten, bewahrt sie dann im Kühlschrank auf, stürzt sie und garniert sie erst kurz vor dem Servieren.

Sfogi in saôr
Eingelegte Seezunge

Dieses Rezept ist die Abwandlung eines der traditionellsten venezianischen Gerichte, der *sarde in saôr.* Statt der Sardinen werden hier die weniger fetten Seezungen verwendet. Man läßt sich die Seezungen am besten gleich im Fischgeschäft bratfertig vorbereiten.

1 kg möglichst kleine Seezungen
Mehl
Olivenöl extra vergine
1 kg Zwiebeln
¼ l guter Weißweinessig
½ l Weißwein
100 g Sultaninen
50 g Pinienkerne
2 Lorbeerblätter
1 EL Pfefferkörner
Salz

Die Seezungen leicht in Mehl wenden und in heißem Olivenöl braten. Auf Küchenpapier abtropfen lassen. Die Zwiebeln schälen, grob hacken und mit wenig Öl in derselben Pfanne Farbe nehmen lassen, in der man den Fisch gebraten hat. Mit dem Essig ablöschen und dann auch den Wein und die übrigen Zutaten hinzugeben. Mit Salz abschmecken. Etwa 15 Minuten leise köcheln lassen.
Die Fische lagenweise in eine Glasform schichten und jede Lage mit der noch warmen Soße begießen. Vor dem Servieren einige Stunden, besser noch einen ganzen Tag, ziehen lassen.

Trote al vino bianco
Forellen in Weißwein

Dieses Rezept stammt aus Südtirol

4 kleine Forellen
½ l trockener Weißwein
¾ l Wasser
2 Knoblauchzehen
2 Zwiebeln
1 Zitrone
4 Lorbeerblätter
Salz
1 TL schwarze Pfefferkörner
1 TL Wacholderbeeren
1 EL Senfkörner
250 g Karotten
2 Stangen Bleichsellerie
2 mittlere Stangen Lauch
¼ l guter Weißweinessig
1 Zitrone in Scheiben

Knoblauch-Mayonnaise:
40 g Weißbrot ohne Rinde
4 EL Milch
6 Knoblauchzehen, fein gehackt
2–3 Eigelb (je nach Größe)
Olivenöl extra vergine
Zitronensaft
Salz und weißer Pfeffer aus der Mühle

Den Weißwein mit dem Wasser in einen großen Topf geben. Knoblauch und Zwiebeln schälen und in feine Scheiben schneiden, Zitrone schälen, vierteln und zusammen mit Lorbeerblättern, Salz, Pfefferkörnern, Wacholderbeeren und Senfkörnern ebenfalls in den Topf geben. Zum Kochen bringen und 10 Minuten leise köcheln lassen.
Inzwischen Karotten, Sellerie und Lauch putzen, waschen, in grobe Stücke schneiden und ebenfalls in den Sud geben. Nun auch den Essig hineingießen und den Sud im offenen Topf sanft kochen lassen.
Inzwischen die Mayonnaise bereiten. Das Weißbrot mit der Milch beträufeln und gut durchziehen lassen. Ausdrücken, zerzupfen und mit den Knoblauchzehen im Mörser zerreiben. Die Eigelb untermischen, dann langsam das Olivenöl hinzugeben und zu einer Mayonnaise aufschlagen. Mit Zitronensaft, Pfeffer und Salz abschmecken.
Die Forellen ausnehmen, waschen und 10 Minuten auf kleiner Flamme im Sud ziehen lassen. Feuer aus; im Sud erkalten lassen. Vor dem Servieren die Haut abziehen, auf einer Platte anordnen, mit Sud übergießen (man kann ihn nach Belieben auch abseihen) und mit Zitronenscheiben garnieren. Dazu serviert man die Knoblauch-Mayonnaise.

Alici alla scapece
Marinierte Sardellen

Man kann nach dem gleichen Rezept auch Sardinen marinieren.

500 g frische Sardellen
Salz
Mehl
⅛ l Olivenöl
1 Zwiebel
2 Knoblauchzehen
1 EL Balsamessig
¼ l Weißwein
2 Lorbeerblätter
2 Nelken
einige Zweige frischer Thymian

Man reinigt die Sardellen am besten mit der Hand. Die Köpfe abschneiden und mit dem Fingernagel von oben nach unten den Bauch auftrennen. Ausnehmen, vorsichtig die Rükkengräte entfernen (die Filets jedoch nicht auseinandertrennen), unter fließendem Wasser gründlich waschen und dann gut abtrocknen. Leicht salzen und mit Mehl überstäuben.
Portionsweise kurz (etwa 1½ Minuten) von beiden Seiten goldbraun im heißen Öl ausbacken. Auf Küchenpapier abtropfen lassen.
Zwiebel und Knoblauch schälen und in Scheiben schneiden. Mit Essig, Wein, Lorbeer, Nelken und Thymian aufkochen.
Die Fische in eine flache Schüssel schichten und jede Schicht mit der noch heißen Marinade begießen. Über Nacht durchziehen lassen. Mit gerösteten Brotscheiben servieren.

Seppioline marinate
Marinierte Tintenfischchen

Falls man keine kleinen Tintenfische bekommt, kann man auch größere Seppie oder Moscardini, kleine Oktopoden, auf diese Weise marinieren oder auch festfleischige, in Stükke geschnittene Fische.

1 kg bereits geputzte, tiefgekühlte Seppioline
1 Stange Bleichsellerie
1 Karotte
1½ l Wasser
½ Glas guter Rotweinessig
Salz
1 Lorbeerblatt
ein paar Zweige Petersilie

Soße:
1 Knoblauchzehe
1 Handvoll Petersilienblättchen
1–2 EL Kapern (nach Geschmack)
Saft von ½ Zitrone
1 EL kalter Sud
1 TL Sardellenpaste
Salz, Pfeffer aus der Mühle
4 EL gutes Olivenöl

Sellerie und Karotte putzen, waschen und in Stücke schneiden. Das Wasser zusammen mit dem Essig, einer Prise Salz, Lorbeerblatt, Petersilie und dem Gemüse aufsetzen und zum Kochen bringen.
Die nach Vorschrift aufgetauten Tintenfischchen kurz waschen, in den Sud geben und etwa 15 Minuten auf kleiner Flamme siedend garen. Abgießen und abkühlen lassen, ein wenig von dem Kochwasser zurückbehalten.
Die Seppioline in Stücke schneiden und in eine Schüssel geben.
Für die Soße den Knoblauch schälen und sehr fein hacken, ebenso die gewaschenen, getrockneten Petersilienblätter und die Kapern (es hängt ein wenig vom eigenen Geschmack ab, wieviel man davon nimmt). Den Zitronensaft, ein wenig Sud, Sardellenpaste, Pfeffer und Salz hinzugeben und gut verrühren, dann das Öl hineingießen. Die Soße abschmekken, nach Belieben noch mit Zitronensaft, Kochsud oder Öl verlängern und nachwürzen. Die Soße über die Tintenfischchen geben und ein paar Stunden im Kühlen marinieren lassen.

Filetti di pescatrice in foglie di bietola

Seeteufelfilets in Mangoldblättern

Und noch ein Rezept von Lisa Perrone, Wirtin der Trattoria »I Giardinetti«:

1 kg Seeteufelfilets
12 zarte junge Mangoldblätter
Salz, Pfeffer
etwas Mehl
200 g Sahne (Crème fraîche)
1 EL scharfer Senf
Butter, Olivenöl extra vergine

Die Mangoldblätter von den Stielen befreien, waschen. Auf der Arbeitsplatte ausbreiten und die Filets auf den Blättern verteilen. Nach Belieben leicht salzen und pfeffern. Einrollen und mit Küchenfaden umwikkeln. Leicht in Mehl wälzen. Die Sahne mit dem Senf verrühren. In einer großen Pfanne (je nach Größe nimmt man besser zwei Pfannen) ein wenig Fett erhitzen: ganz nach Belieben Butter oder nur Öl oder halbe/halbe. Die Röllchen auf nicht zu starker Flamme von beiden Seiten darin anschmoren. Unter Umständen noch einmal salzen und pfeffern, die Senfsahne angießen und etwa 15 Minuten zugedeckt leise schmoren lassen. Mit kurz im Ofen angeröstetem Landbrot oder Weißbrot servieren. *Foto rechts.*

Seppie con porcini
Tintenfische mit Steinpilzen

Für dieses Gericht verwende man möglichst nicht die großen Calamari, sondern die kleineren Seppie, die man auch bei uns (meist tiefgekühlt) bekommen kann. Besser schmecken sie natürlich frisch. Man muß sich nicht sklavisch an die Mengen halten; für eine kleine Vorspeise reicht auch weniger Fisch.

800g Seppie
(kleine Tintenfische)
1–2 Lorbeerblätter
300g Steinpilze
2 Knoblauchzehen
Olivenöl extra vergine
Origano
Salz, Pfeffer nach Belieben
1 Bund Petersilie

Die gewaschenen und geputzten Tintenfische in leicht gesalzenem Wasser zusammen mit den Lorbeerblättern auf kleiner Flamme etwa 20 Minuten siedend garen. Herausnehmen und gut abtropfen lassen. Leicht abkühlen lassen und mit Küchenpapier trocken tupfen. Nun die Steinpilze waschen, putzen und in dünne Scheiben schneiden. Die Knoblauchzehen schälen und fein hacken.
In einer Pfanne 2–3 EL Olivenöl erhitzen, den Knoblauch ganz kurz darin Farbe nehmen lassen und die Steinpilze hinzugeben. Kurz sautieren. Ein wenig zerriebenen Origano darüberstreuen und nach Belieben pfeffern und salzen. Die Seppie und kleingehackte Petersilie hinzugeben, vorsichtig durchmischen und wenige Minuten auf mittelstarker Flamme schmoren lassen. Heiß servieren.

Gamberoni con olive e capperi

Scampi mit Oliven und Kapern

Dieses Rezept stammt von Massimo, der für die Küche der »Lanterna Blu« in Imperia verantwortlich zeichnet. Man kann das Gericht auch mit tiefgefrorenen, bereits geschälten Scampi bereiten.

800 g Scampi in der Schale
½ Glas Olivenöl extra vergine
4 Knoblauchzehen
1 EL Kapern
1 Handvoll kleine schwarze Oliven
1 Glas Weißwein
1 Schuß Cognac nach Belieben
Salz, Pfeffer

Die Scampi öffnen. In einer Pfanne das Olivenöl leicht erhitzen. Die Knoblauchzehen schälen, halbieren, im Öl kurz durchziehen lassen, herausnehmen. Dann die Scampi mit der Schale nach unten in die Pfanne setzen; Kapern und Oliven hinzugeben. Auf starkem Feuer sautieren, nach ein paar Minuten den Weißwein zugießen, nach Belieben auch den Cognac. Würzen. Zugedeckt auf mittlerer Flamme ein paar Minuten schmoren und gut durchziehen lassen.

● Statt Kapern und Oliven kann man 300 g frische Steinpilze nehmen, läßt dann aber Wein und Cognac weg. Hat man ganz frische Scampi und Steinpilze zur Verfügung, kann man sie auch wunderbar roh als Salat servieren. Man würzt sie dann nur mit Pfeffer und Salz und besprüht sie kräftig mit Zitrone.

Gamberoni con salsa di rucola

Scampi auf Salat mit Raukensoße

8–12 möglichst frische Scampi
Salz, Pfeffer aus der Mühle
20 g Butter

Soße:
1 Becher Naturjoghurt
100 g Mayonnaise, möglichst frisch bereitet
100 g Raukenblättchen, sehr fein gehackt
2 Schalotten oder 1 kleine Zwiebel, fein gehackt
Salz, Pfeffer aus der Mühle

möglichst gemischter Blattsalat wie Lollo, Frisée, Eichblattsalat, Chicorée
Saft von ½ Zitrone

Die Scampi auslösen, den Darm entfernen (aus den Schalen kann man einen Fond bereiten; man kann aber auch tiefgekühlte Scampi verwenden). Leicht pfeffern und salzen und in wenig heißer Butter einige Minuten garen. Aus der Pfanne nehmen und warm halten (falls man einen Dampfkochtopf besitzt, gart man sie erst kurz vor dem Servieren nur unter Dampf).
Alle Zutaten für die Soße sorgfältig verrühren und mit Salz und Pfeffer abschmecken. Man kann die Soße auch im Mixer bereiten, dann verliert sie jedoch an Farbe.
Die Salatblätter auf Portionsteller verteilen. Jeweils Soße in die Mitte geben, die Scampi darauflegen und mit wenig Zitronensaft beträufeln.
Foto Seite 98/99.

Sarde a beccaficu I

Gefüllte Sardinen
auf ostsizilianische Art

800 g möglichst frische Sardinen
6 Sardellenfilets, klein gehackt
50 g Pinienkerne, klein gehackt
50 g Sultaninen
1 große Prise Zucker
1 Prise geriebene Muskatnuß
1 EL kleingehackte frische Petersilie
frisch gemahlener schwarzer Pfeffer
Olivenöl
12 Lorbeerblätter
50 g Semmelbrösel
Saft von 1 Zitrone

zum Garnieren:
1 Zitrone
1 Handvoll Petersilienblättchen

Den Sardinen die Köpfe abschneiden. Von oben nach unten den Bauch auftrennen, ausnehmen und vorsichtig die Rückengräte entfernen. Sorgfältig unter kaltem Wasser waschen und vorsichtig abtrocknen. Sardellenfilets, Pinienkerne, Sultaninen (zuvor in warmem Wasser eingeweicht, abgetropft und klein gehackt), Zucker, Muskat, Petersilie, Pfeffer und einen Eßlöffel Öl gut vermischen. In jeden Fisch ein wenig von dieser Fülle geben. Sorgfältig wieder zusammendrücken und in eine leicht eingeölte, feuerfeste Schüssel legen. Die Lorbeerblätter zwischen die Fische stecken. Die Semmelbrösel über die Fische streuen und mit Öl beträufeln. Im auf mittlere Hitze (ca. 190 °C) vorgeheizten Ofen etwa 30 Minuten goldbraun backen. Mit Zitronensaft beträufeln und mit Zitronenscheiben oder -achteln und Petersilienblättchen garniert servieren.

Sarde a beccaficu II

Ausgebackene Sardinen auf
westsizilianische Art

Die in Sizilien auf diese wie auf die vorhergehende Art sehr gerne zubereiteten Sardinen beziehen ihren Namen von der Grasmücke, die italienisch »beccafico« (sizilianisch »beccaficu«) heißt und die als Feigenfresser gilt. Sie wird dort ebenfalls sehr gerne gegessen, weil sie fett ist, wie die Sardine. Man kann dieses Gericht ebenso mit frischen Sardellen zubereiten.

800 g möglichst frische Sardinen
guter, milder Weinessig
80 g Pecorino (harter, pikanter Schafskäse), fein gerieben
2 Knoblauchzehen, klein gehackt
2 EL Petersilie, fein gehackt
3 Eier
Salz, Pfeffer aus der Mühle
120 g Semmelbrösel
Öl zum Ausbacken

Die Sardinen vorbereiten wie im Rezept *Sarde a beccaficu I* beschrieben. In eine flache Schüssel geben und mit Essig bedeckt etwa drei Stunden marinieren lassen.

Den Pecorino mit Knoblauch und Petersilie sorgfältig vermischen und in einen tiefen Teller geben.
Die Eier in einem tiefen Teller mit Salz und Pfeffer verquirlen. Die Semmelbrösel ebenfalls in einen tiefen Teller geben.
Die Sardinen aus dem Essig nehmen, abtropfen lassen und mit Küchenpapier trocknen. Erst in der Käsemischung, dann im Ei und schließlich in den Semmelbröseln wälzen. In reichlich Öl schwimmend ausbacken.
Sie schmecken sehr gut heiß aus der Pfanne, aber in Sizilien ißt man sie im Sommer auch kalt. Ausprobieren!

Capesante gratinate

Überbackene Jakobsmuscheln

Jakobsmuscheln bekommt man bei uns meist tiefgekühlt. Sie sind in der Regel zusammen mit dem Corail, den orangeroten Geschlechtsorganen, verpackt. Am besten läßt man die Muscheln über Nacht im Kühlschrank auftauen, damit sie nicht zuviel Saft verlieren. Besonders dekorativ wird das Gericht, wenn man es auf Jakobsmuschel-Schälchen anrichtet, die man in Fachgeschäften bekommt.

12 Jakobsmuscheln (oder 1 Paket)
1 Glas trockener Weißwein

Gratin:
4 Knoblauchzehen, geschält und klein gehackt
1 großer Bund Petersilie
1 Gläschen Öl
1 EL guter Weißweinessig
3 EL Weißwein
1 TL Kapern
1 Prise Salz
Pfeffer nach Belieben
4–5 EL Semmelbrösel

Die aufgetauten Muscheln etwa zwei Minuten in Weißwein kochen. Abkühlen lassen, in Scheiben schneiden und zusammen mit dem Corail auf die Muschelschälchen verteilen.
Alle Zutaten für den Gratin in den Mixer geben und pürieren. Die Masse sollte relativ flüssig werden, andernfalls gibt man noch etwas Weißwein, Essig oder Öl hinzu. Diese Masse gleichmäßig über die Schälchen verteilen und mit Semmelbröseln bestreuen.
Fünf Minuten unter dem heißen Grill gratinieren.
Die Muscheln dürfen nicht zu lange gegart werden, weil sie sonst hart werden. *Foto linke Seite.*

● *Cozze gratinate:* Auf die gleiche Weise kann man Miesmuscheln gratinieren. Man wäscht und entbartet die Muscheln sorgfältig unter fließendem kalten Wasser. Geöffnete Muscheln aussortieren. Die abgetropften Muscheln in einen schweren Topf geben, zudecken und 5–6 Minuten auf sehr starke Flamme stellen. Die Muscheln im Topf mehrmals kräftig aufschütteln, bis sie sich öffnen. Vom Feuer nehmen, abkühlen lassen und jeweils eine Schale entfernen. Mit der Gratiniermasse bedecken und wenige Minuten unter dem Grill anbräunen lassen.

Sauté di frutti di mare

Meeresfrüchte schnell sautiert

Am besten verwendet man vier verschiedene Sorten von Meeresfrüchten zu gleichen Teilen. Sie sollten in diesem Fall allerdings möglichst frisch sein: z.B. Seppie (kleine Tintenfische), Miesmuscheln, Scampi, Moscardini (ganz junge Kraken).

800 g Meeresfrüchte
4 Knoblauchzehen
½ Glas Öl
1 Handvoll kleingehackte Petersilie
½ Glas Wein
Salz, Pfeffer nach Belieben

Die Meeresfrüchte waschen und putzen. Den Knoblauch schälen und zerquetschen. In einer großen, schweren Pfanne das Öl erhitzen und den Knoblauch hineingeben. Kurz anziehen lassen, dann die Meeresfrüchte hinzugeben, einmal wenden und dann die Petersilie hinzufügen. Auf starker Flamme zugedeckt garen, zwischendurch vorsichtig wenden. Mit Wein ablöschen, nach Belieben salzen und pfeffern und noch etwa 6–7 Minuten schmoren lassen. Sehr heiß servieren.

Salate

Ortaggi in pinzimonio

Rohes Gemüse in kaltem Dip

Salat und junge knackige Gemüse »in pinzimonio« sind vor allem im Frühjahr eine köstliche und zudem sehr einfache Vorspeise. Den ersten jungen Salat, die ersten zarten Gemüse – »le primizie«, in der Sonne und nicht im Treibhaus gereift – taucht man in eine leichte Soße, »die« typische einfache italienische Salatsoße. Man kann das Gericht natürlich auch mit anderen Soßen zubereiten: im folgenden noch zwei zusätzliche Vorschläge für Sardellen- und Kapernsoße. Wichtig sind junge, frische Gemüse, die man je nach Jahreszeit abwandeln kann. Statt Weißweinessig kann man natürlich auch Balsamessig verwenden; dann nehme man etwas weniger.

4 junge Karotten
1 Bund Radieschen
einige Stangen Bleichsellerie
1 Fenchelknolle
1–2 Paprikaschoten (rot, grün oder gelb)
ein paar Frühlingszwiebeln
1 Radicchiosalat
2–4 junge Artischocken
2–4 schöne feste Tomaten
200 g Champignons

Soße:
1 Teil Zitronensaft oder Weißweinessig
Pfeffer und Salz
scharfer Senf nach Belieben
2 Teile Olivenöl

Alle Gemüse sorgfältig waschen. Karotten schaben und in Spalte schneiden. Spitzen und gelbe Blätter der Radieschen entfernen. Vom Bleichsellerie harte oder welke Teile abschneiden, ebenso von der Fenchelknolle, die man viertelt. Paprikaschote waschen, entkernen und in Streifen schneiden. Bei den Frühlingszwiebeln die Außenhaut abziehen und die Wurzelfäden abschneiden. Vom Radicchio das untere Ende abschneiden und die Blätter lösen. Von den Artischocken die harten Außenblätter, Stielenden und Spitzen entfernen; vierteln und in Zitronenwasser legen, damit sie sich nicht verfärben.
Tomaten ganz lassen oder vierteln. Von den Champignons die Stielenden abschneiden, dann gut mit Küchenpapier säubern.
Die Gemüse dekorativ anrichten und auf den Tisch bringen. Man kann sie auch im ganzen belassen – in Italien bekommt man Pinzimonio häufig so serviert.
Die Soße bereiten: erst Zitronensaft oder Essig, Pfeffer und Salz – Senf nach Belieben–, dann Öl zugeben und auf Portionsschälchen verteilen. Man kann die Tischgefährten ihre Soße natürlich auch selber mischen lassen. *Foto linke Seite.*

Sardellensoße

In Italien verwendet man in der Regel die im ganzen in Salz eingelegten Sardellen, die man entgrätet und gut wäscht – man sehe sich in italienischen Spezialitätenläden um. Andernfalls verwendet man die in Öl eingelegten Filets, die man vorher gut abtropfen läßt.

6–8 Sardellenfilets
3 hartgekochte Eigelb
Olivenöl
1 Glas trockener Weißwein
1 Bund Petersilie, fein gehackt
Pfeffer aus der Mühle
1 EL Kapern nach Belieben

Im Mörser oder im Mixer die Sardellenfilets und die Eigelb vermengen, nach und nach Öl zugeben – die Mischung soll aber nicht zu dünn werden. Dann abwechselnd Wein und weiter Öl zugeben, bis die Soße die gewünschte Konsistenz hat. Die Petersilie hinzufügen und kräftig pfeffern, nach Belieben auch die Kapern – gehackt – hinzugeben. Die Sardellen machen Salz überflüssig.

Kapernsoße

Besonders gut wird diese Soße mit den bei uns leider nicht überall erhältlichen, in Salz eingelegten kleinen Kapern und mit den ebenfalls in Salz eingelegten Anchovis – siehe vorhergehendes Rezept *Sardellensoße.*

---

4 gehäufte EL Kapern (gut 100g)
6 Sardellenfilets
3 Knoblauchzehen
Olivenöl extra vergine
Zitronensaft

Kapern und Sardellen fein hacken. Knoblauchzehen schälen und ebenfalls fein hacken. Diese Zutaten gut vermischen und im Mörser oder im Mixer zu einem Brei verrühren, in den man nach und nach in einem feinen Faden Öl einlaufen läßt, bis die Soße die gewünschte Konsistenz hat. Zum Schluß mit Zitronensaft nach Belieben abschmecken.

● Diese Kapernsoße schmeckt auch zu hartgekochten Eiern, zu gedünstetem Fisch oder zur Pasta.

Insalata di riso
Reissalat

Reissalat kann man endlos abwandeln und so reichhaltig gestalten, wie es einem gefällt: für Partys absolut ideal, weil er mit vielen verschiedenen Zutaten besonders gut schmeckt. Wichtig ist es, ihn vor dem Servieren etwa 1 bis 2 Stunden gut durchziehen zu lassen. Man kann nach eigenem Gutdünken Zutaten fortlassen und andere hinzufügen.

200g Reis
1 kleine rote oder gelbe Paprikaschote
100g Salami (möglichst pikant)
ca. 80g Fontina (ersatzweise Gruyère o. ä. Käse)
4–6 Sardellenfilets
50g eingelegte Pilze (s. S. 18)
ein paar marinierte Artischocken (s. S. 21)
50–100g schwarze Oliven
100g grüne Erbsen (frisch oder tiefgekühlt und leicht vorgegart)
1 Dose Thunfisch (ca. 170–200g abgetropft)
150g vorgegarte Krabben oder Shrimps
2 EL Kapern

Soße und Garnitur:
Saft von 1 Zitrone oder 3 EL Weißweinessig
Salz, Pfeffer aus der Mühle
4–6 EL Olivenöl extra vergine
2 hartgekochte Eier

Den Reis in Salzwasser al dente kochen. Die Paprikaschote von Stielansatz, Rippen und Kernen befreien und in Streifen schneiden. Salami ebenfalls in Streifen schneiden, Käse würfeln, Sardellenfilets grob zerkleinern. Die Pilze je nach Größe ganz lassen, halbieren oder vierteln, Artischocken ebenso. Die Oliven nach Belieben ganz lassen oder entkernen. Den Thunfisch abtropfen lassen und grob zerpflücken (das Öl kann man nach Belieben für die Marinade verwenden). Alle Zutaten in einer großen Schüssel vorsichtig, aber sorgfältig miteinander vermengen.
Aus Zitronensaft oder Essig, Gewürzen und Öl eine Marinade rühren und darübergießen. Noch einmal gut mischen und durchziehen lassen. Vor dem Servieren Eiviertel obenauf setzen. Nach Belieben kann man noch zusätzlich mit schwarzen oder grünen Oliven garnieren. *Foto rechte Seite.*

Tomatensalat in Variationen

Man darf die Tomate, die keineswegs in Italien heimisch war, sondern erst nach der Entdeckung Amerikas eingeführt wurde, als die beliebteste Feldfrucht Italiens bezeichnen. Die Zeit für Tomatensalat ist der Sommer, wenn die Früchte, die Sonne brauchen, ihren vollen Geschmack entfalten. Hände weg von Treibhaustomaten! Wunderbar eignen sich jedoch die bei uns häufig im Winter erhältlichen kleinen, aromatischen Tomaten von den Kanarischen Inseln.
Man macht den Tomatensalat in Italien grundsätzlich nicht mit Essig an, da die Tomaten genügend eigene Säure entwickeln. Wichtig ist hingegen ein gutes, kaltgepreßtes Olivenöl. Wer's dennoch säuerlicher mag, nehme zusätzlich ein wenig guten Weinessig.

Insalata caprese

Tomaten mit Mozzarella

4 große, nicht zu reife Tomaten (ebensogut Eiertomaten)
2 Mozzarella-Käse
Salz, Pfeffer aus der Mühle
Cayennepfeffer nach Belieben
3 EL Olivenöl extra vergine
1 großes Bund Basilikum (oder getrockneter Origano)

Tomaten und Mozzarella in nicht zu dicke Scheiben schneiden und nach Belieben auf einer runden oder ovalen Platte anordnen. Mit Salz, nach Wunsch auch mit Pfeffer und/oder Cayennepfeffer würzen und mit Olivenöl beträufeln. Basilikum waschen, die Blättchen abzupfen und darüber verteilen. Ersatzweise (oder nach Belieben) getrockneten Origano zwischen den Fingern zerreiben und darüberstreuen.
Reicht man mehrere Vorspeisen, kann man die Menge halbieren.

● Dieses Gericht kann nach Belieben verändert bzw. angereichert werden. So legt man beispielsweise jeweils eine Reihe Tomaten, eine Reihe Mozzarella, eine Reihe feingeschnittene Gurkenscheiben, die man mit Sardellenfilets garniert und mit Origano bestreut. Oder man verwendet statt der Gurkenscheiben feine Streifen von frischen grünen oder gelben Paprikaschoten, die man mit Oliven garniert (ideal sind die kleinen schwarzen, ligurischen Oliven) und mit Thymian bestreut.

Insalata di pomodori alla siciliana

Sizilianische Bauernvesper

Dieser Salat war ursprünglich eine typische Bauernvesper. Man höhlte ein kleines, im Holzofen gebackenes Brot aus, füllte den Salat hinein, verschloß das ganze mit der herausgezupften Brotkrume und nahm's mit aufs Feld.

2 sehr große oder 4 kleinere Tomaten
1 mittelgroße Zwiebel
1 kleine Gurke
1 frischer scharfer Peperone (ersatzweise getrocknet oder Cayennepfeffer)
Origano (möglichst frisch)
Salz
3 EL Olivenöl extra vergine

Die großen Tomaten in Spalte teilen, die man dann noch einmal halbiert. Die Zwiebel schälen und grob hakken. Die Gurke schälen, in grobe Scheiben schneiden, die man sodann nicht zu fein stiftelt. Den Peperone vom Stiel befreien, entkernen und fein hacken. Alles in einer Schüssel vermischen und mit reichlich Origano, Salz und gutem Olivenöl würzen. Nach Möglichkeit etwa eine Stunde durchziehen lassen. Schmeckt sehr gut mit Bruschetta oder kleingeschnittener Focaccia (s. S. 140). Man kann den Salat aber auch auf eine runde oder ovale Platte häufen und mit in Öl angerösteten Brotwürfeln umgeben.

Panzanella

Brotsalat mit Tomaten

Dieser Salat, der heute auch in gehobeneren Restaurants auf der Karte zu finden ist, war einst – vor allem in Regionen wie Latium, Toskana und Umbrien – ein einfaches bäuerliches »Abendbrot«. Wichtig ist die Qualität des Brotes, denn man verwendete ja früher auf dem Land grundsätzlich nur im Holzofen selbstgebackenes Brot. Statt der gängigen, oft sehr wässerigen Treibhausgurken verwende man nach Möglichkeit die im Sommer auf dem Markt erhältlichen kleinen Freilandgurken. Früher schälte man sie nicht – heutzutage muß man wohl. Falls man einen intensiven Balsamessig verwendet, nehme man etwas weniger davon.

4 Scheiben helles, altbackenes Bauernbrot
4 reife, aber feste Tomaten
1 kleine Gurke
1 große weiße Gemüsezwiebel (oder 1 rote Zwiebel)
1 Bund Basilikum oder Minze
2 EL Weinessig oder Zitronensaft
4–6 EL Olivenöl extra vergine
Salz
½ scharfer Peperone oder Pfeffer aus der Mühle
ein wenig Thymian oder Origano

Die Brotscheiben in eine flache Schüssel legen und reichlich mit Wasser beträufeln. Sie sollen gut durchfeuchtet sein, aber sie müssen noch Biß haben. Die Tomaten und die Gurke nach Belieben in Scheiben oder in Würfelchen schneiden und darüber verteilen. Die Zwiebel schälen, in Scheiben schneiden und die Ringe darübergeben. Mit Basilikum- oder Minzeblättchen bestreuen. Aus Essig oder Zitronensaft, Olivenöl, Salz, entkerntem, feingeschnittenem Peperone oder Pfeffer und ein wenig fein zerriebenem Origano oder Thymian eine Soße rühren und darübergießen. Mindestens eine Stunde, womöglich länger, im Kühlschrank durchziehen lassen.

● Man kann zusätzlich noch eine kleingeschnittene Paprikaschote oder ein paar Stangen Bleichsellerie hinzugeben. Zusätzlich oder statt Basilikum oder Minze kann der Salat mit einer Handvoll zerzupfter Petersilienblättchen bestreut werden. Weiter anreichern kann man auch mit Kapern oder Oliven, mit Sardellenfilets oder zerkleinertem Thunfisch aus der Dose.

Insalata mista della Riviera di Ponente

Ligurischer Tomatensalat

Traditionell wurde für dieses Rezept *Mosciame* oder *Bottarga* verwendet, zusammengepreßter und getrockneter Rogen von Delphin oder Meeräsche. Inzwischen wird Bottarga vorwiegend von Thunfisch bereitet, mit Tomaten, Zwiebeln und Basilikum, manchmal auch mit Kapern und Oliven. Man kann statt dessen auch Sardellenfilets verwenden. Die ligurischen Oliven sind sehr klein, dafür aber besonders würzig. Man richtet den Salat auf einer großen Platte oder auf Einzeltellern an.

4 reife, aber feste Tomaten
Salz
1 große Zwiebel
Olivenöl extra vergine
1 EL Kapern
1 Handvoll möglichst kleine Oliven
4–8 Sardellenfilets nach Belieben
1 großes Bund Basilikum

Die Tomaten in Scheiben schneiden und auf einer Platte oder auf Tellern anordnen. Leicht salzen. Die Zwiebel schälen, in Scheiben schneiden und die Ringe über die Tomaten geben. Reichlich mit Olivenöl beträufeln. Mit Kapern, Oliven, nach Belieben mit Sardellenfilets und mit den gewaschenen, trocken abgetupften Basilikumblättern belegen.

Insalata di fagioli

Weiße-Bohnen-Salat

2 Dosen weiße Bohnen (ca. 500 g Einwaage)
2 Knoblauchzehen
2 EL guter Weinessig
2 EL Weißwein
Pfeffer, Salz, Zucker
1 Messerspitze Cayennepfeffer (gemahlener, getrockneter Peperoncino)
1 TL Thymian
3–4 EL Olivenöl
2 Zwiebeln, in Ringe geschnitten
500 g Tomaten
1 Handvoll schwarze Oliven nach Belieben
150 g Pecorino in Scheiben
1 grüner Salat

Bohnen abtropfen lassen. Die Hälfte der Bohnenflüssigkeit mit zerdrücktem Knoblauch, Essig, Wein, Pfeffer, Cayennepfeffer, Salz, Zukker und Thymian abschmecken und mit dem Öl verrühren. Bohnen sowie Zwiebelringe untermischen und 12 Stunden ziehen lassen. Die Bohnen abgießen, aber die Soße zurückhalten. Bohnen, Zwiebeln, Tomatenachtel, Oliven nach Belieben und Käsescheiben auf Salatblättern anrichten. Mit der Soße beträufeln.

● Haben Frühlingszwiebeln Saison, kann man gut noch zwei oder drei, in feine Ringe geschnitten, mit in den Salat geben.

● *Fagioli alla toscana:* Die weißen Bohnen können auch lediglich mit den Zwiebelringen und nach Belieben mit ca. 200 g zerbröckeltem Thunfisch aus der Dose vermischt und mit einer Vinaigrette aus wenig Aceto balsamico, großzügig gutem Olivenöl, feingehackter Petersilie, Pfeffer und Salz übergossen werden.

Antipasto misto alla contadina

Gemischter bäuerlicher Vorspeisenteller

Salat aus weißen Bohnen eignet sich besonders gut als Mittelpunkt einer gemischten Vorspeisenplatte. Man macht ca. 200g vorgegarte weiße Bohnen mit einer Vinaigrette an wie unter *Fagioli alla toscana* (s. S. 122) beschrieben (jedoch ohne Thunfisch) und häuft sie in die Mitte einer großen runden Platte. Dann umgibt man die Bohnen dekorativ und nach Möglichkeit farblich wechselnd mit Häufchen unterschiedlichster Zutaten: z. B. schwarze oder grüne Oliven; Zuckerschoten; Bleichsellerie in Stücken; geraspelte Karotten; marinierte oder ganz frische, roh in Scheibchen geschnittene Champignons; feingeschnittener Südtiroler Bauernspeck, den man zu Röllchen formt; Salami, die man je nach Größe in Scheiben beläßt oder in Streifchen schneidet; marinierte Artischockenherzen, Tomatenviertel usw.

Insalata di rinforzo

Reicher Blumenkohlsalat

Dieses typische kampanische Weihnachtsgericht wird für Heiligabend zubereitet, aber bis Silvester mit immer neuen Zutaten »angereichert« – beim Neujahrsmenü darf es nicht fehlen. Es existiert deshalb in mehreren Versionen. Man verwendet in Salz eingelegte Sardellen und Kapern, die man bei uns leider selten findet, aber die in Öl eingelegten Sardellen und Kapern im Sud tun's auch.
Farblich noch reizvoller wird dieser Salat, wenn man ihn mit Blumenkohl und Broccoli zu gleichen Teilen zubereitet.

1 Blumenkohl
4–5 in Salz eingelegte Sardellen
50g grüne Oliven
50g schwarze Oliven
50g Kapern
1 eingelegte Paprikaschote
50g eingelegte Gürkchen
nach Belieben weiteres eingelegtes Mischgemüse
wenig guter Weißweinessig
reichlich Olivenöl extra vergine
Salz, Pfeffer aus der Mühle

Den Blumenkohl putzen, in Salzwasser garen, abkühlen lassen und in Röschen zerteilen. Die Sardellen entgräten, in Filets teilen und gut waschen (ersatzweise nimmt man 8–10 in Öl eingelegte Filets). Die Oliven nach Belieben entkernen oder im ganzen lassen. Kapern abtropfen lassen (falls man in Salz eingelegte bekommt, gut waschen). Die Paprikaschote in Streifen schneiden. Alles zusammen samt den Gürkchen und nach Belieben noch weiterem Mischgemüse vorsichtig mit dem Blumenkohl vermengen und mit einer Soße aus wenig gutem Weinessig, reichlich bestem Olivenöl, Pfeffer und Salz anmachen. Man geht in Italien in der Regel bei Salaten mit Essig sehr sparsam um, und es empfiehlt sich, diesem Prinzip zu folgen.

● Man kann das eingelegte Gemüse auch weglassen. Mag man es pikanter, gibt man noch einen scharfen Peperone hinzu. Nach Belieben mit hartgekochten Eiern garnieren.

Insalata mista alle noci
Gemischter Salat mit Walnüssen

Man sollte diesen Salat der Jahreszeit gemäß anmachen: Im Winter mischt man ihn mit Äpfeln oder Birnen, im Sommer mit Honigmelone. Statt grünem Salat kann man auch jungen italienischen Spinat oder einen Kopf Kräuselendivie oder anderen grünen italienischen Salat verwenden.

---

1 großer Kopfsalat (möglichst Freiland), besser noch 3 Salatherzen
2 Stangen Bleichsellerie
1 kleine Honigmelone
100–150 g Walnußkerne
3 EL Zitronensaft oder milder Weißweinessig
1 TL scharfer Senf
4 EL Olivenöl extra vergine
Salz, Pfeffer aus der Mühle

Den Salat gut waschen, putzen und trocken schleudern. Den Bleichsellerie waschen und in dünne Scheiben schneiden. Die Melone halbieren, mit einem Löffel die Kerne herausschaben. Die Melonenhälften vierteln, schälen und in Scheiben schneiden oder auch würfeln.
Die Hälfte der Nüsse grob hacken, die andere Hälfte ganz lassen.
Die übrigen Zutaten zur Salatsoße rühren. Grünen Salat, Sellerie und Melone in eine Schüssel geben und mit der Soße vermischen. Die kleingehackten Nußkerne darüberstreuen, mit den Walnußhälften garnieren. *Foto linke Seite.*

Misticanza
Gemischter grüner Salat

Die »misticanza« ist der traditionelle Bauernsalat im Latium; er wird vor allem aus wild wachsenden Pflanzen zubereitet. Im Sommer versuche man auf dem Markt so viele frische Blattsalatsorten wie möglich zu bekommen. Man mischt alles und macht den Salat erst kurz vor dem Servieren an – mit einer Marinade aus wenig gutem Essig oder Zitrone, Salz und viel Olivenöl extra vergine, der man nach Belieben noch Knoblauch zugibt: Brunnenkresse, Pimpinelle, Minze, Sauerampfer, junge Löwenzahnblätter, Borretsch (falls man ihn im Garten hat, verwendet man auch die Blüten), Rauke, Feldsalat, Kräuselendivie, Kerbel, junge Salatherzen, Schnittlauch, Petersilie, Basilikum usw. *Foto Seite 114/115.*

● *Misticanza con fegatini:* Sehr gut schmeckt gemischter frischer junger Salat nach Wahl (oder nur von einer Sorte, z. B. Feldsalat, Rauke, Frisée oder Lollo) mit Hühnerleberchen, die man gut säubert und nur kurz (ca. 5 bis 7 Minuten) auf lebhafter Flamme in Butter rundum anbrät, pfeffert und salzt. Mit wenig Balsamessig ablöschen und auf den auf Einzelteller verteilten Salat geben.

Insalata di frutti di mare

Salat aus Meeresfrüchten

Auch dieser Salat kennt vielerlei Variationen, da die meisten italienischen Regionen eine kürzere oder längere Küstenlinie haben. Man kann nach Belieben auch Vongole, kleine Venusmuscheln, untermischen (aus dem Glas) oder Polypen (tiefgekühlt), man kann den Salat auch nur aus Vongole und Miesmuscheln (die man je nach Jahreszeit auch bei uns frisch und immer in Konserve bekommt) zubereiten oder lediglich kleine frische oder tiefgekühlte Tintenfische (Seppie) verwenden.

500 g frische Miesmuscheln
2 Knoblauchzehen, klein gehackt
2 EL Olivenöl
1 halber kleiner frischer (oder getrockneter) Peperone
1 Lorbeerblatt, 2 Gewürznelken
1 Prise Thymian, 1 Prise Origano
2 EL Weißweinessig
1 Glas trockener Weißwein
200 g kleine Tintenfische (oder große Calamari, die man in Ringe schneidet)
200 g vorgegarte Scampi oder Garnelen
Saft von 1 Zitrone
Salz, Pfeffer aus der Mühle
1 EL scharfer Senf
1 gepreßte Knoblauchzehe
4–6 EL Olivenöl extra vergine
1 Zwiebel, klein gehackt
1 kleine Paprikaschote, geputzt, in Streifchen
1 Bund Petersilie, fein gehackt
1 EL Kapern oder 1 Handvoll schwarzer Oliven

Die Miesmuscheln unter fließendem Wasser sorgfältig waschen, bürsten und entbarten; geöffnete Muscheln fortwerfen. Die Knoblauchzehen kurz im Öl andünsten, Peperone, Lorbeerblatt, Gewürznelken, Thymian, Origano, Essig, Wein hinzugeben und mit einem Glas Wasser aufgießen. Ein paar Minuten durchkochen lassen, bevor man die Muscheln hineingibt. Etwa 10–15 Minuten garen lassen. Die Muscheln herausnehmen, aus den Schalen lösen und in eine Schüssel geben. Den Sud in einen anderen Topf abseihen, die Tintenfische hineingeben und eventuell noch etwas Weißwein zugießen. Etwa 30 Minuten garen. Im Sud erkalten lassen. Zusammen mit den Scampi oder Garnelen zu den Muscheln geben.

Die übrigen Zutaten außer Petersilie und Kapern oder Oliven zu einer Soße vermischen und einen Teil des Suds oder auch die ganze Flüssigkeit hineinrühren. Über die Meeresfrüchte gießen und gut durchmischen. Zugedeckt etwa eine Stunde im Kühlschrank ziehen lassen. Mit Petersilie und Kapern oder Oliven garnieren. *Foto rechte Seite.*

Insalata di funghi
Pilzsalat

Einfach, aber köstlich – auf einem Partybüfett darf er nicht fehlen. Wichtig sind sehr feste junge Pilze. Am besten schmecken zweifellos Steinpilze, doch sind sie teuer und nicht jederzeit erhältlich. Man kann aber auch Zuchtchampignons, am besten Egerlinge, verwenden. Der Salat sollte erst kurz vor dem Servieren zubereitet und nicht in einer Schüssel, sondern auf einer Platte angerichtet werden.

400 g möglichst kleine Pilze
Salz, Pfeffer aus der Mühle
1 EL Balsamessig (Aceto balsamico)
Olivenöl extra vergine
1 Bund Petersilie
nach Belieben Parmesankäse vom Stück, hauchdünn geraspelt

Die Pilze nur ganz kurz waschen (Zuchtpilze mit Küchenpapier abreiben), putzen und in hauchdünne Scheiben schneiden. Leicht salzen und pfeffern, sparsam mit Essig und großzügig mit Olivenöl beträufeln (man kann diese Zutaten auch zuvor zu einer Soße verrühren). Mit den abgezupften, feingewiegten Petersilienblättchen bestreuen.
Nach Belieben legt man noch einen Kranz von Parmesanscheibchen ringsum oder hobelt den Käse vom Stück über die Pilze.

● Man kann den Salat auf Brunnenkresse oder Rauke anordnen – das ist dekorativ und schmackhaft.

Insalata di pollo al pesto
Hähnchensalat mit Pesto

Besser schmeckt dieser Salat natürlich mit selbstgemachtem Pesto – aber so geht's schneller.

2 Hähnchenbrustfilets
Salz
Olivenöl extra vergine
250 g Zucchini
50 g Pinienkerne
1 Eigelb
1 TL Balsamessig
1 Becher Crème fraîche
2–3 EL Pesto aus dem Glas

Die Hähnchenbrustfilets salzen und, rundum mit Öl eingerieben, etwa 20 Minuten bei 220 °C im Backofen garen. Abkühlen lassen und in Scheiben schneiden. Die Zucchini waschen, die Enden abschneiden, nach Belieben stifteln oder in Scheiben schneiden. Zwei Minuten in kochendem Salzwasser blanchieren, abschrecken und gut trocknen. Die Pinienkerne in einer beschichteten Pfanne ohne Fett kurz hellbraun rösten. Das Eigelb mit dem Essig verrühren, dann unter kräftigem Schlagen (oder mit dem Rührgerät) ein Gläschen Öl und sodann die Crème fraîche zugeben, zuletzt den Pesto unterrühren. Die Zucchini auf eine Platte geben, die Hühnerstückchen darüber verteilen, mit der Soße überziehen und mit Pinienkernen bestreuen.

● Man kann diesen Salat auch mit Putenschnitzeln bereiten, die man ebenfalls mit ganz wenig Fett kurz in einer beschichteten Pfanne anbrät und in Streifen schneidet.

Insalata di arance
Orangensalat

Salat aus Orangen und Zwiebeln ist in Sizilien, wo die Zitrusfrüchte von ganz besonderer Qualität sind, eine sehr typische Beilage zu Fleischgerichten. Man kann ihn aber auch auf verschiedene Weise anreichern, dann wird er zu einem originellen Partysalat. Besonders dekorativ – und typisch – sind Blutorangen. Mit den weißen Gemüsezwiebeln wird der Salat besonders mild.

6 Orangen
2 mittelgroße Zwiebeln
100 g schwarze Oliven
1 kräftiger Spritzer Zitronensaft
1 TL Honig oder 1 Prise Zucker
Salz, Pfeffer aus der Mühle
4 EL Olivenöl
4 Anchovisfilets nach Belieben

Die Orangen so schälen, daß die weiße Haut mit entfernt wird, dann quer in Scheiben schneiden. Den Saft auffangen. Die Zwiebeln schälen und in dünne Ringe schneiden. Die Oliven nach Belieben entkernen oder ganz lassen. Orangen und Zwiebeln abwechselnd in eine Schüssel schichten. Mit den Oliven bestreuen (man kann die Oliven auch Schicht für Schicht untermischen).
Aus dem aufgefangenen Saft, dem Zitronensaft (man kann ihn auch weglassen), dem Honig oder Zukker, Pfeffer, Salz und Olivenöl eine Soße rühren, die man über den Salat gießt. Nach Belieben noch mit Sardellenfilets garnieren. Vor dem Servieren mindestens eine halbe Stunde ziehen lassen.

● Man kann auch Schnitzchen einer gut geschälten Zitrone darüberstreuen. Statt Zwiebeln verwendet man in Sizilien manchmal auch Lauch oder Frühlingszwiebeln. Einen ebenso, aber mit wenig Zwiebel und nur wenig Petersilie angemachten Zitronensalat reicht man in Sizilien oft bei großen Menüs zwischen zwei gehaltvollen Gängen.

Noch eine weitere Variation lohnt den Versuch: statt Orangen verwendet man Pampelmusen.

● Mit Fenchel. Man läßt die Zwiebel weg und vermischt eine Fenchelknolle, geputzt und in feine Scheiben geschnitten, mit den Orangenscheiben, würzt die aufgehäuften Scheiben Schicht für Schicht mit ein wenig Cayennepfeffer, bereitet eine Soße aus Orangensaft, Sherry- oder Balsamessig sowie gutem Olivenöl und garniert mit schwarzen Oliven.

● Mit Chicorée. Als »insalata belga« erst neuerlich in Italien in Mode gekommen, erfreut er sich inzwischen großer Beliebtheit. Auf die gleiche Weise wie den Fenchel kann man ihn sehr gut mit Orangen mischen (oder man richtet den Orangensalat auf ganzen Chicoréeblättern an) und zusätzlich noch mit Walnußkernen bestreuen.

Brot – Pizza – pikante Torten

Bruschetta oder Fettunta und Crostini gehen auf das bescheidene bäuerliche Frühstück zurück, das in armen Gegenden häufig die Hauptmahlzeit bildete. Doch das stets selbstgebackene Brot, in Scheiben über der Glut geröstet, schmeckte immer köstlich. Deshalb ist auch für uns, wenn wir diese althergebrachten Rezepte nachvollziehen wollen, die Qualität des Brotes entscheidend. Gut eignen sich die hellen Landbrote, wie man sie in ausländischen Lebensmittelläden findet, das dunklere Holzofenbrot oder ein gutes Bauernbrot. Doch schmecken Crostini auch mit Baguette oder Toastbrot. Eine große Platte mit unterschiedlich belegten Crostini kann nicht nur eine schmackhafte, sondern auch eine sehr dekorative Vorspeise sein.

Bruschetta

Geröstetes Bauernbrot

Diese traditionelle Bauernvesper heißt im Latium und in Umbrien »Bruschetta«, in der Toskana »Fettunta«. Unsinnig, sie mit Weißbrot oder mittelmäßigem Olivenöl zuzubereiten, denn hier hängt alles von der Qualität der Grundzutaten ab. Man schneidet kräftiges Bauernbrot in fingerdicke Scheiben und röstet es leicht von beiden Seiten im Backofen oder unter dem Grill. Jede Scheibe leicht mit zerdrücktem Knoblauch einreiben und noch einmal kurz erhitzen. Mit bestem Olivenöl extra vergine beträufeln und leicht salzen, nach Belieben auch pfeffern oder mit ein wenig feingehacktem frischen oder getrockneten, fein zerriebenen Peperone bestreuen. Man kann auch zusätzlich sparsam mit feingehackten frischen Kräutern wie Thymian oder Basilikum würzen. Köstlich schmeckt beispielsweise grob zerzupfte Rauke oder Kresse dazu.

Eine andere Möglichkeit: Schöne, reife, aber feste Sommertomaten grob zerhacken, leicht salzen, pfeffern und mit wenig Olivenöl beträufeln. Kurz ziehen lassen und dann auf den Brotscheiben verteilen. Falls die Tomaten schon zuviel Wasser gezogen haben, läßt man die Soße zurück. Man kann die Tomaten auch noch mit feingeschnittener Paprikaschote oder mit Gurke vermischen.

Foto Seite 134/135.

Crostini ai fagioli

Röstbrot mit Bohnencreme

Crostini mit weißen Bohnen, im ganzen belassen und gut gewürzt oder zu Creme püriert, sind eine Spezialität der Toskaner, die besondere Bohnenliebhaber sind. In der Toskana bereitet man sie mit dem fast ungesalzenen hellen Landbrot. Knoblauch und Zwiebel verwendet man in der Regel alternativ.

---

1 kleine Dose weiße Bohnen
2–3 Salbeiblätter (oder Rosmarinblättchen), ersatzweise getrocknet
1 Gläschen Fleischbrühe (auch Würfel)
2–3 EL Olivenöl extra vergine
1 kleine Zwiebel, geschält und klein gehackt
oder 2 Knoblauchzehen, klein gehackt
1 Prise getrockneter, zermahlener Peperone, ersatzweise Cayennepfeffer
Salz
Pfeffer aus der Mühle
4 Scheiben Landbrot
1 EL feingewiegte Petersilie

Die abgetropften Bohnen zusammen mit den Salbeiblättern und ein wenig Fleischbrühe im Mixer pürieren.

Das Öl auf mittelstarker Flamme in einem kleinen Topf erhitzen. Zwiebel oder Knoblauch hineingeben, kurz glasig dünsten und dann die Bohnencreme hinzufügen. Gut durchrühren und je nach Konsistenz noch ein wenig einkochen lassen. Nach Belieben mit Peperone oder Cayennepfeffer, Salz und Pfeffer abschmecken. Inzwischen die Brotscheiben im vorgeheizten Ofen von beiden Seiten anrösten. Die Bohnencreme auf die Scheiben verteilen und jeweils mit ein wenig Petersilie bestreuen. Heiß oder lauwarm servieren.

Crostini con fegatini di pollo

Röstbrot mit Hühnerleberchen

Auf diese einfache Weise zubereitete Hühnerleber kann man auch als Soße zu Nudelgerichten servieren.

300 g Hühnerleber
1 kleine Zwiebel
2–3 frische Salbeiblätter (oder die gleiche Menge Petersilie), klein gehackt
4 EL Butter
Salz, Pfeffer aus der Mühle
1 Schuß Weißwein oder trockener Marsala
ca. 8–12 Scheiben Stangenweißbrot (je nach Größe)
nach Belieben wenig Butter oder Olivenöl extra vergine

Die Hühnerleber waschen, von den Häutchen befreien und so klein wie möglich hacken.
Die Zwiebel schälen und sehr fein hacken. Zusammen mit dem Salbei in der leicht erhitzten Butter sanft andünsten. Die Leber hineingeben, auf lebhafter Flamme unter Rühren garen und nach Belieben salzen und pfeffern. Den Wein hinzugeben und noch kurz eindampfen lassen.
Die Brotscheiben entweder leicht im Backofen von beiden Seiten anrösten oder kurz in der Pfanne in wenig Butter oder Olivenöl. Die Lebermasse daraufgeben.

● Nach Belieben kann man die Hühnerleber auch pürieren und noch einmal kurz in der Pfanne erhitzen, bevor man sie auf die gerösteten Brotscheiben gibt.
Man kann den Geschmack variieren, indem man zusammen mit der Zwiebel ein wenig feingehackten Bleichsellerie und Karotte dünstet und ein paar kleingehackte Sardellenfilets und 1–2 TL Kapern hinzugibt.

● Die Crostini können auch mit der *Pâté di fegato alla veneziana*, Rezept Seite 92, bestrichen werden.

Crostini alle cozze
Röstbrot mit Muscheln

In Ligurien bereitet man solche Crostini mit verschiedenerlei gemischten Meeresfrüchten, doch sitzt man dort an der Quelle. Für uns lohnt sich das nur, wenn die Tischrunde größer ist (dann kann man die Meeresfrüchte so vorbereiten, wie unter *Insalata di frutti di mare*, Seite 126, beschrieben oder Reste des Salates, abgetropft, dazu verwenden). Doch kann man die Crostini auch allein mit Krabben oder Shrimps füllen, die man mit einer leichten Vinaigrette oder einer kräftig gewürzten Mayonnaise angemacht hat. Wichtig ist, das Brot sehr dick zu schneiden, da es ein wenig ausgehöhlt wird. *Foto rechte Seite.*

1 Stangenweißbrot
500 g Miesmuscheln
1 Glas Wein
1 Knoblauchzehe, geschält und halbiert
einige Pfefferkörner, Salz
Cayennepfeffer oder gemahlener Peperoncino
1 Bund Petersilie
wenig Butter
1 Zitrone

Das Weißbrot in sehr dicke Scheiben schneiden, die man jeweils leicht aushöhlt, so daß sich eine Mulde ergibt. Im Ofen von beiden Seiten leicht toasten.
Inzwischen die Muscheln unter fließendem kalten Wasser gut säubern, geöffnete fortwerfen. Zusammen mit dem Wein, der Knoblauchzehe und den Pfefferkörnern in einen Topf geben. Zugedeckt bei starker Hitze kurz garen, bis sich alle Muscheln geöffnet haben. Den Topf zwischendurch schütteln. Die Muscheln auslösen und auf die Brotscheiben verteilen. Leicht salzen und mit etwas Cayennepfeffer oder gemahlenem Peperoncino bestreuen. Die abgezupften Petersilienblättchen sehr fein wiegen. Einen Teil der ausgelösten Brotkrume fein zerzupfen und in wenig Butter goldbraun (nicht zu dunkel) rösten. Mit der Petersilie vermischen und über die Muscheln geben. Die Crostini im auf ca. 180°C vorgeheizten Ofen 5 bis 10 Minuten backen. Danach mit etwas Zitronensaft beträufeln oder mit Zitronenspalten servieren.
Den Muschelsud kann man nach Belieben in Täßchen dazu servieren.

● Die Muscheln können natürlich auch auf Bauernbrot serviert werden, dann rechnet man nur eine Scheibe pro Person.
Liebt man einen kräftigeren Geschmack, vermischt man etwas weiche Butter mit durchgepreßtem Knoblauch und streicht sie in die Brothöhlungen, bevor man die Muscheln hineinfüllt.
Natürlich kann man die Muscheln auch in einer kräftigen Würzsoße garen: z.B. erhitzt man ein wenig Olivenöl und gibt 1–2 feingehackte Knoblauchzehen, etwas feingewiegte Petersilie und ein wenig scharfen, feingehackten Peperone hinein. Das Öl kurz Aroma annehmen lassen und dann ein paar kleingeschnittene Tomaten aus der Dose (oder frische geschälte Tomaten oder Passata di pomodori, durchpassierte Tomaten) hinzugeben, mit Origano und ein wenig Salz würzen. Einmal kurz durchrühren, dann die Muscheln im Sud garen, auslösen und jeweils mit ein wenig Sud auf die Crostini geben.

Crostini alle melanzane

Röstbrot mit Auberginencreme

Wichtig bei diesem Rezept ist vor allem, daß die Auberginen frisch sind – keine Früchte mit leicht runzliger Haut kaufen, denn sonst wird die Creme nicht grün, sondern bräunlich!

1–2 Auberginen
Saft von ½ Zitrone
1 Knoblauchzehe
1 kleine grüne Paprikaschote
Salz, Pfeffer aus der Mühle
Olivenöl extra vergine
4 große Scheiben Bauernbrot (oder entsprechend mehr kleinere Weißbrotscheiben)

Die Auberginen bei mittlerer Hitze auf ein mit Alufolie überzogenes Backblech legen. Etwa eine halbe Stunde garen, bis die Haut aufplatzt. Die Haut abziehen, die Flüssigkeit abtropfen lassen, das Fruchtfleisch grob hacken und sofort mit Zitronensaft beträufeln, damit es nicht die Farbe verliert.
Die Knoblauchzehe schälen und grob hacken. Die Paprikaschote von Kernen und Rippen befreien, in Streifen schneiden und grob hakken. Knoblauch und Paprikaschote zusammen mit dem vorbereiteten Auberginenfleisch sowie ein wenig Salz und Pfeffer in den Mixer geben und pürieren. Nach und nach Öl eintropfen lassen, bis das Mus die richtige Konsistenz hat. Nach Belieben noch einmal mit Gewürzen abschmecken.
Das Brot im auf etwa 180 °C vorgeheizten Backofen von beiden Seiten kurz anrösten und das Auberginenpüree darüber verteilen. Lauwarm oder abgekühlt servieren, aber nicht zu lange im voraus bereiten, damit das Brot nicht matschig wird.
Nach Belieben garnieren: z. B. mit schwarzen Oliven oder mit winzigen Schnitzen von gelben oder roten Paprikaschoten.

● Man kann die Paprikaschote auch weglassen und statt dessen (der Farbe wegen) ein wenig feingehackte Petersilie untermischen.
Liebt man einen kräftigeren Geschmack, vermischt man das Püree mit zwei feingehackten Sardellenfilets und einer Handvoll entkernter, feingehackter Oliven.

Crostini alle uova

Röstbrot mit Ei

4 Scheiben Bauernbrot
1 rohes Eigelb
1 Spritzer Zitrone
1 TL scharfer Senf
Öl
Salz, Pfeffer aus der Mühle
4 hartgekochte Eier
einige Tropfen Tabasco
1 EL Kapern oder grobgehackter Schnittlauch zum Bestreuen

Eigelb, Zitronensaft und Senf verrühren und unter ständigem Rühren langsam Öl zufließen lassen, bis die Mayonnaise die richtige Konsistenz hat (kann man natürlich auch im Mixer machen). Mit Pfeffer und Salz abschmecken. Die hartgekochten Eier schälen, möglichst fein hacken und mit der Mayonnaise vermischen. Mit ein wenig Tabasco würzen und nach Belieben auch noch einmal mit Pfeffer und Salz abschmecken. Auf die Brotscheiben geben, die man zuvor im Backofen von beiden Seiten leicht angebräunt hat.
Mit Kapern oder grobgehacktem Schnittlauch garnieren.

● Man kann die Mayonnaise auch aus einem hartgekochten, mit der Gabel zerdrückten Eigelb rühren. Gekaufte Mayonnaise tut's auch, aber selbstgemachte schmeckt besser.

Crostini ai funghi

Röstbrot mit Pilzen

400 g frische Zuchtpilze
1 kleine Zwiebel
30 g Butter
1 Schuß Rotwein oder trockener Marsala
Salz, Pfeffer aus der Mühle
4 Scheiben Bauernbrot
4 Scheiben Fontina
1 Bund Petersilie, fein gehackt

Die Pilze putzen, mit Küchenpapier sorgfältig abreiben und in feine Scheiben schneiden. Die Zwiebel schälen, fein hacken und in einer Pfanne in der leicht erhitzten Butter goldbraun werden lassen. Mit einem Schuß Wein löschen, sogleich die Pilze zugeben und nach Geschmack pfeffern und salzen. 10 bis 15 Minuten leise schmoren lassen.
Die Brotscheiben mit dem Fontina belegen und für etwa 5 Minuten in den auf 180 °C vorgeheizten Backofen setzen. Herausnehmen, die Pilze noch einmal abschmecken, mit der frischen Petersilie vermischen und auf die überbackenen Brotscheiben häufen. Heiß servieren.

Crostini alla provatura

Brot-Käse-Spießchen

Diese Spieße garte man ursprünglich über der Holzglut, jetzt tut man das meist im Backofen. Es empfiehlt sich, eine nicht zu große, flache rechteckige Bratpfanne zu benutzen (die man mit Alufolie auslegen kann). Nach Möglichkeit sollten die Spießenden auf dem Rand des Gefäßes aufliegen, ohne den Boden zu berühren. Provatura ist ein dem Mozzarella ähnlicher Frischkäse, der aus Büffelmilch gewonnen wird. Man kann statt dessen auch Provola oder Mozzarella verwenden.

500 g Provatura oder Mozzarella
Salz, Pfeffer aus der Mühle
einige Scheiben Landbrot
ca. 150 g Butter
4 Sardellenfilets
ein wenig Milch

Den Käse in Scheiben schneiden und mit Pfeffer und Salz würzen. Das Landbrot in gleich große Stücke schneiden. Die Spieße abwechselnd mit Käse und Brot bestecken und darauf achten, daß Brot und Käse eng aneinander sitzen; das jeweils erste und letzte Stück sollte Brot sein. Die Spieße rundum leicht mit weicher Butter bestreichen, wie oben beschrieben auf ein passendes Gefäß setzen, in den kräftig vorgeheizten Ofen (200 °C) schieben und etwa 15 Minuten rösten. Zwischendurch die Spieße einmal vorsichtig umdrehen und noch einmal mit etwas Butter bestreichen. Sobald der Käse zu »laufen« beginnt, auf jeden Fall herausnehmen.
Inzwischen die Sardellenfilets klein hacken und in der restlichen Butter auf kleinem Feuer unter Rühren zerfallen lassen. Ein wenig Milch zugeben, noch einmal gut durchrühren. Die Soße über die Spieße verteilen, die man auf einer vorgewärmten Platte angeordnet hat.

● Zahllos die Möglichkeiten, Crostini auf »italienische Art« zu bereiten. Hier noch ein paar Vorschläge: mit in Streifen geschnittenem Radicchio belegt und mit frischem Schafskäse bestreut kurz im Ofen überbacken; Ziegenkäse mit ein wenig Mascarpone oder Crème fraîche, wenig Senf und einem Gläschen Grappa vermischt aufs vorgeröstete Brot streichen und mit Walnußhälften garnieren; vorgegarte Sellerieherzen (von Bleichsellerie) achteln, auf die Brotscheiben geben, mit feingehacktem rohen oder gekochten Schinken bestreuen, Gorgonzola in Bröckchen darübergeben und kurz im Ofen überbacken; Tatar oder Schweinemett mit etwas feingehacktem Fontina (oder anderem gut schmelzbaren Käse), kleingehackten Kapern, feingewiegter Petersilie, Pfeffer und Salz vermischen und kurz überbacken; leicht angetoastetes Brot reichlich mit Mozzarella, rohem Schinken und feinblättrig geschnittenen Steinpilzen oder Champignons belegen und 5 bis 10 Minuten im Ofen überbacken.

Crostini alla napoletana

Toasts auf neapolitanische Art

Man könnte diese Art Toast auch als schnelle Pizza bezeichnen, die man eben genau wie eine Pizza auf unterschiedliche Weise abwandeln kann. Die Crostini gelingen besser, wenn man nicht allzu frisches Brot verwendet. Statt frischer Tomaten können auch gut abgetropfte Dosentomaten verwendet werden.

8 Scheiben Weißbrot
Olivenöl extra vergine
1 gepreßte Knoblauchzehe nach Belieben
ca. 200 g Mozzarella
4 kleine Tomaten
8 Sardellenfilets
Salz, Pfeffer aus der Mühle
Origano

Die Brotscheiben in einer Pfanne in wenig Öl kurz von beiden Seiten anrösten. Man kann das Öl nach Belieben mit ein wenig durchgepreßtem Knoblauch würzen.
Eine flache Bratenpfanne leicht einölen und die Brotscheiben hineinsetzen. Jeweils mit einer Scheibe Mozzarella, einer halben Tomate, die man nach Belieben in Scheiben schneidet oder grob hackt, und einem Sardellenfilet belegen. Mit Salz, Pfeffer sowie zerriebenem Origano bestreuen und leicht mit Öl beträufeln. Etwa 10 Minuten in den auf 200 °C vorgeheizten Ofen geben.

● Man kann diese Crostini auch leicht abwandeln: Zuerst Tomaten auf die Brotscheiben geben, dann Mozzarella, obenauf feingehackte Kapern und entkernte schwarze Oliven. Salzen, pfeffern und mit frischen Basilikumblättern garnieren.

Torta pasqualina

Ligurische Ostertorte

600 g Mehl
6 EL Öl
1 kg Blattgemüse (Spinat, junger Mangold)
½ Zwiebel
400 g Ricotta
7 Eier
1 Glas Milch
30 g Butter
Salz, frisch gemahlener Pfeffer
frischer Majoran
50 g geriebener Parmesan

Das Mehl auf die Arbeitsplatte sieben und 3 EL Öl, eine gute Prise Salz und ausreichend Wasser einarbeiten, bis ein fester Teig entsteht. Ausgiebig kneten, bis der Teig glatt und elastisch ist. 6 bis 7 Kugeln formen und auf ein angefeuchtetes Tuch legen. Mit einem Tuch bedecken und etwa 15 Minuten ruhen lassen.
Das Blattgemüse putzen, waschen, feucht mit wenig Salz in einen Topf geben und auf mittlerer Hitze zusammenfallen lassen. Das Gemüse abtropfen lassen und klein hacken. Im restlichen Öl mit der sehr fein gehackten Zwiebel unter ständigem Rühren dünsten, salzen und ein paar Minuten ziehen lassen.
In einer Schüssel Ricotta, drei Eier, Milch und eine Prise Salz mit einem Holzlöffel gut verrühren.
Nun die Teigbällchen nacheinander sehr dünn ausrollen. In eine eingebutterte und leicht bemehlte Tortenform den ersten Fladen einlegen, so daß der Teig über den Rand hinaus-

steht. Den Teig mit wenig Öl einpinseln und einen zweiten Fladen darüberbreiten. Wieder mit Öl bepinseln, am Rand ein paar Butterflöckchen verteilen und einen dritten Fladen darüberlegen, den Vorgang wiederholen und auf dem dritten Fladen das Gemüse gleichmäßig verteilen. Mit dem vierten Fladen bedecken und das Ricotta-Gemisch darübergeben. Nun bringt man in gleichmäßigem Abstand vier Vertiefungen an und gibt in jede ein Stückchen Butter, ein Ei, etwas Salz, Pfeffer, Majoran und einen gehäuften Teelöffel Parmesankäse. Mit den restlichen Teigfladen (wiederum mit Öl eingepinselt) abdecken. Den über die Kuchenform hinausstehenden Teigrand des untersten Fladens so nach innen biegen, daß die Torte perfekt verschlossen ist. Die Teigoberfläche mit etwas Öl bestreichen und mit einer Gabel mehrfach einstechen, damit sich der Teig nicht aufbläht. Im vorgeheizten Ofen bei 200°C etwa 50 Minuten backen. Die Ostertorte ist fertig, wenn sie schön goldbraun ist.
Lauwarm servieren; die Torte schmeckt aber auch kalt.

Pasticcio di merluzzo ai porri

Torte mit Seehecht und Lauch

Teig:
300g Mehl
100g weiche Butter
1 Ei, Salz
Butter für die Form

Füllung:
Olivenöl extra vergine
300g Lauch (Gewicht geputzt)
400g Seehechtfilet
Salz, Pfeffer aus der Mühle
1 Glas trockener Weißwein
3 Eier, 50g Sahne
Petersilie

Zuerst bereitet man den Teig vor. In einer Schüssel das durchgesiebte Mehl nach und nach mit der weichen Butter in Stückchen, dem Ei, einem Gläschen kaltem Wasser und einer Prise Salz zu einem Teig kneten. Kurz durcharbeiten, dann auf die Arbeitsfläche legen und noch ein paar Minuten gut durchkneten. Den Teig in Klarsichtfolie wickeln und für etwa 30 Minuten in den Kühlschrank geben.
Inzwischen erhitzt man gut 3 EL Olivenöl in einer Pfanne, gibt zuerst den grob gehackten Lauch hinein und dünstet ihn einige Minuten, fügt dann den in grobe Stückchen geschnittenen Fisch hinzu. Salzen, pfeffern und wieder einige Minuten schmoren lassen, dann mit einem Glas Wein aufgießen, durchrühren und den Wein einkochen lassen.

Inzwischen die Eier in eine Schüssel geben und mit der Sahne verquirlen. Mit Salz abschmecken, mit der gehackten Petersilie vermischen und dann unter die Fisch-Lauch-Mischung geben. Auf ganz sanftem Feuer unter ständigem Rühren mischen, bis die Mischung cremig ist, die Eier dürfen aber nicht stocken; Feuer aus.
Den Teig etwa 3mm dick ausrollen und eine leicht gebutterte Tortenform von 22cm Durchmesser damit auslegen. Der Teig darf an den Rändern etwas darüber hinausgehen. Den Belag auf den Teig geben und den Rand leicht nach innen biegen. In den auf 200°C vorgeheizten Ofen geben und etwa 50 Minuten backen. Aus dem Ofen nehmen und entweder in der Form oder auf einem Teller lauwarm servieren.

Crescia

Käsetorte aus den Marken

700 g Mehl
50 g frische Bierhefe
5 Eier
2 EL Öl
50 g weiche Butter
150 g Parmesan, frisch gerieben
50 g fester Pecorino, frisch gerieben
1 TL Zucker
Salz, Pfeffer aus der Mühle
100 frischer Pecorino in Würfeln
Butter und Mehl für die Form

Das Mehl auf die Arbeitsfläche sieben, in der Mitte eine Vertiefung eindrücken und die Hefe hineinbröckeln. Eier, Öl, Butter, die geriebenen Käse, Zucker, Pfeffer und Salz hinzugeben und sorgfältig zu einem geschmeidigen Teig verkneten. Den Teigballen in eine große Schüssel legen, mit einem Tuch bedecken und an einem nicht zu kühlen Ort mindestens zwei Stunden oder länger gehen lassen, bis sich das Volumen in etwa verdoppelt hat. Nun den gewürfelten frischen Pecorino möglichst gleichmäßig in den Teig einarbeiten.
Eine runde feuerfeste Form (ca. 20 bis 26 cm Durchmesser) mit Butter ausstreichen und mit wenig Mehl bestreuen. Den Teigballen hineingeben und im auf 180 °C vorgeheizten Ofen 50 Minuten backen.
Lauwarm oder kalt servieren.

Focaccia

Die Focaccia, ursprünglich ein rein ligurisches Rezept, ist inzwischen in ganz Italien verbreitet. Man bereitet sie aus dem gleichen Teig wie die Pizza, gibt nur ein wenig mehr Olivenöl hinein. Sie wird in der Regel auf einem großen Backblech ausgebacken und schmeckt frisch (am selben Tag gebacken), in kleine Stücke geschnitten, zusammen mit Oliven und in Stücke gebröckeltem Schafskäse oder Parmesan, wunderbar zum Aperitif oder statt Weißbrot zu einer Wurst- und Schinkenplatte.
Bevor man sie wie die Pizza in den Backofen schiebt, drückt man mit dem Finger möglichst gleichmäßige Vertiefungen hinein, streut ein wenig Salz darüber und beträufelt mit Öl. Oft wird sie mit frischem Rosmarin oder Salbei bestreut. Oder mit schwarzen Oliven und leicht zuvor in Öl angedünsteten Zwiebeln oder sparsam mit Stückchen von frischer Tomate. Man kann den Teig auch teilen, angedünstete Zwiebeln darüber verteilen und die zweite Teiglage daraufgeben; man kann statt Zwiebeln oder zu gleichen Teilen mit Zwiebeln auch kleingeschnittenen Käse wie Fontina (oder Bel paese, Provolone dolce oder einen anderen Käse wie Gruyère oder Emmentaler) zwischen die beiden Teiglagen geben. *Foto rechte Seite.*

● Besonders locker gerät die Focaccia, wenn man vorgekochte, zerquetschte mehlige Kartoffeln hineinarbeitet: auf 1 kg Mehl 300 g Kartoffeln.

Pizza

Die Pizza, die ihren Ursprung in Neapel hat, ist ein Flachbrot aus Weißbrotteig, das man ganz nach Geschmack belegen und auf einem großen Blech oder in großen oder kleinen Rundfladen ausbacken kann. Sie war ursprünglich ein reines Armeleute-Essen, und noch heute sind die ganz einfachen Pizze, die lediglich mit Tomaten, Knoblauch, Origano oder Basilikum, allenfalls noch mit Oliven oder Sardellen bzw. etwas Mozzarellakäse belegt sind, die beliebtesten. Am allerbesten schmecken sie aus dem Holzofen.

500 g Weizenmehl
30 g frische Hefe
knapp ¼ l lauwarmes Wasser
1 TL Salz
etwas Öl

Das Mehl in eine Schüssel sieben. Die Hefe mit der Hälfte des Wassers verrühren und einige Eßlöffel von dem Mehl hinzufügen. Etwa 15 Minuten gehen lassen. Das restliche Mehl mit dem Salz vermischen und mit dem Vorteig, dem restlichen Wasser und etwas Öl zu einem elastischen Teig verarbeiten. Mit einem Tuch abdecken und rund 20 Minuten an einem warmen Platz aufgehen lassen, bis der Teig sein Volumen etwa verdoppelt hat. Den Teig sehr dünn ausrollen und auf das mit Öl eingefettete Backblech oder auf gefettete Pizzaformen verteilen; nach Belieben belegen, großzügig mit Öl beträufeln und etwa 25 Minuten im

sehr heiß vorgeheizten Ofen (nach 10 Minuten auf mittlere Hitze herunterstellen) ausbacken.
Statt kleingeschnittener Tomaten kann man auch eine gute eingedickte Tomatensoße verwenden. Immer darauf achten, daß frische Basilikumblätter oder Pilze, falls sie obenauf liegen, gut mit Öl beträufelt sind, weil sie sonst trocken werden; besser noch dünstet man die Pilze zuvor kurz an. Im folgenden einige Vorschläge für den Belag, aber man kann selbst unbegrenzt neue Variationen erfinden.

Pizza Margherita
300 g kleingeschnittene Tomaten, zwei Mozzarellakäse, Salz, Pfeffer, ein Bund Basilikum, 40 g frisch geriebener Pecorino (Schafskäse), Olivenöl. *Foto Seite 130/131 links.*

Pizza quattro stagioni
Keine der ursprünglichen Pizzaformen, aber international sehr beliebt. Man ritzt die Teigoberfläche leicht mit dem Messer, »teilt« sie in Viertel und belegt ganz nach Belieben jedes Viertel unterschiedlich: z. B. mit Mozzarella, in Öl eingelegten Artischockenherzen, in Öl eingelegten Pilzen, abgetropftem Thunfisch aus der Dose, Vongole (Venusmuscheln) oder Cozze (Miesmuscheln) aus dem Glas, schwarzen Oliven, Sardellenfilets; salzen, pfeffern, mit Öl beträufeln.

Pizza alla marinara o alla napoletana
Die Urform der Pizza, die auch kalt, in mehr oder weniger kleine Stücke geschnitten, sehr gut zum Aperitif schmeckt: 2 Knoblauchzehen, fein gehackt, 300 g kleingeschnittene Tomaten, Salz, Pfeffer, Origano zum Bestreuen, Olivenöl.

● Variante: zusätzlich mit einem Dutzend entkernter schwarzer Oliven und 1 EL Kapern, nach Belieben auch noch mit Sardellenfilets, belegen. *Foto Seite 130/131 rechts.*

Pizza al prosciutto coi funghi
150 g gekochter Schinken, 150 g Fontina, 100 g feingeschnittene Champignons, einige kleingehackte Basilikumblätter, schwarze Oliven oder frische grüne Pfefferschote nach Belieben. Den Schinken in kleine Scheiben oder ziemlich klein schneiden und die Pizza damit belegen. Die Pilzscheiben – falls man sie nicht aus der Dose nimmt – kurz durch Öl ziehen, weil sie sonst trokken werden. Das gleiche gilt für Basilikumblätter oder Pfefferschote. Mit dem kleingewürfelten Fontina bestreuen und kräftig pfeffern. Mit Öl beträufeln. *Foto Seite 130/131.*

Pizza al prosciutto colla mozzarella
150 g roher Schinken, 200 g Mozzarella, Origano oder Basilikum; Pfeffer, Salz, Olivenöl, nach Belieben entkernte schwarze Oliven.

Pizza di scarola
Pizza mit Endivie, ein traditionelles Weihnachtsrezept aus Neapel: ein kleiner Endiviensalat, Olivenöl, 10 kleingeschnittene Sardellenfilets, 70 g entkernte, kleingeschnittene schwarze Oliven, 50 g Kapern, 50 g Sultaninen (zuvor 15 Minuten in lauwarmem Wasser eingeweicht und abgetropft), 50 g Pinienkerne. Endivie putzen, waschen und kurz in heißem Wasser blanchieren. Abtropfen lassen und gut ausdrücken, dann klein schneiden. In einem Topf das Öl erhitzen und Sardellen, Oliven und Kapern hineingeben. Sobald die Sardellen zerfallen, die Endivie hinzugeben und einige Minuten leise schmoren lassen. Den Teig leicht mit Öl bepinseln, die Endivienmischung daraufgeben, mit Sultaninen und Pinienkernen bestreuen. Mit Öl beträufeln.

Verzeichnis der Rezepte